배를 만들고 싶다면
먼저 저 넓고 끝없는 바다에 대한 동경심을 키워라!

− 생텍쥐베리

초등 어휘 바탕 다지기

탕 지기

박현창 지음

4 초등 저학년용

엔듀인사이트

국어 감각을 키우는 신개념 낱말 학습 프로그램

초등 어휘 바탕 다지기 · 4

초판 1쇄 발행 2016.11.04 ㅣ 초판 4쇄 발행 2019.04.03
지은이 박현창 ㅣ 펴낸이 한기성 ㅣ 펴낸곳 에듀인사이트(인사이트)
기획·편집 신승준, 장원정 ㅣ 본문 디자인 김종민 ㅣ 표지 디자인 오필민 ㅣ 인쇄·제본 서정바인텍
베타테스터 권시원, 권시하, 김려원, 김명현, 김하늘, 신세호, 이형민, 임준호, 정우승, 조성은, 조윤빈
등록번호 제10-2313호 ㅣ 등록일자 2002년 2월 19일 ㅣ 주소 서울시 마포구 연남로 5길 19-5
전화 02-322-5143 ㅣ 팩스 02-3143-5579 ㅣ 홈페이지 http://edu.insightbook.co.kr
페이스북 http://www.facebook.com/eduinsightbook ㅣ 이메일 edu@insightbook.co.kr
ISBN 978-89-6626-712-5 64710
SET 978-89-6626-701-9

책값은 뒤표지에 있습니다. 잘못 만들어진 책은 바꾸어 드립니다.
정오표는 http://edu.insightbook.co.kr/library에서 확인하실 수 있습니다.

어휘력은 사고력의 기본 토대!

우리는 사람과 사회, 자연과의 상호 작용을 통해 낱말을 얻고, 이런 낱말들 사이의 관계를 발견하고 이해하며 조직해 어휘를 발전시켰습니다. 어휘들을 정교하게 연결하면 생각을 전달하고 표현하는 수단인 말과 글이 되는데, 어휘가 풍부할수록 좀 더 자신의 생각을 체계적으로 정리하고 논리적으로 표현할 수 있게 됩니다. 따라서 어휘력은 논리적 사고력의 기본 토대라고 할 수 있습니다.

어휘 선택의 기준

어휘 학습을 진행하기 위해서는 구체적으로 어떤 어휘를 다룰 것인가가 먼저 정해져야 합니다. 이 책에서 채택한 어휘들은 '등급별 국어 교육용 어휘(서울대 국어연구소, 김광해, 2003)' 목록에서 발췌하였습니다. 이 목록이 절대적인 것은 아니지만 적어도 목록을 작성하는 데 사용한 방법과 기초가 되는 자료들의 폭넓음에서 이보다 더 믿을 만한 자료는 찾아보기 어려울 것입니다. 그리고 이를 바탕으로 교재를 개발하는 것이 직관과 경험에 의존해 만들어 내는 것보다는 훨씬 오류를 범할 확률이 낮고 사용자에 대한 적합성이 높습니다.

교재에 사용되는 어휘는 1~2등급(기초 어휘) 어휘가 중심이 되고, 여기에 3~4등급의 어휘를 교수 학습 활동 설계에 따라 선택적으로 추가하였습니다.

어휘의 편성과 학습 내용

아동의 어휘 발달 양상은 대개 그들의 사회화 경험의 확장 경로와 일치합니다. 그래서 비교적 일반적이라고 할 수 있는 생활 범위를 주제로 잡아 점차 확장되는 방식을 취했고, 그에 따라 사용하는 어휘들을 순차적으로 배치하여 일차적으로 익히게 했습니다. 여기에 낱말의 의미 – 구체성과 추상성 그리고 상징성, 실질적 의미(실사)와 기능적 의미(허사) – 와 음절수의 많고 적음 따위의 기준을 적용하여 쉬운 것에서부터 어려운 것 순으로 익힐 수 있게 배치했습니다.

권	첫째 주	둘째 주	셋째 주	넷째 주	다섯째 주	여섯째 주	일곱째 주	여덟째 주
1	몸	가족	음식	옷	집	직업	동물	거리
2	놀이	운동	동작	기구	탈것	식물	사람	빛깔
3	수	마음	시간	정도	낱낱	맛	날씨	어떻게
4	소리	곳	모양	바다	땅	문화	우주	어원

이렇게 편성한 어휘들을 다시 그 형식과 내용적인 측면에서 고루 익히게 했습니다. 낱말의 형식이 되는 소리와 꼴에 관한 학습 내용들을 담아냈고, 내용이 되는 의미면에서는 사전적 의미부터 내포적 의미 그리고 의미 관계와 관용적 의미까지 두루 다루었습니다. 더불어 다소 가벼우나 창의적인 언어유희 내용들도 고명처럼 담아 두었습니다.

〈초등 어휘 바탕 다지기 낱말 학습 내용〉

낱말의 내용 익히기	낱말의 의미 알기	낱말의 지시적 의미 알기
		낱말의 함축적 의미 알기
		낱말의 사전적 의미 알기
		낱말의 문맥적 의미 알기
		낱말의 중심적 의미 알기
		낱말의 주변적 의미 알기
		낱말의 관용적 의미 알기
		다의어의 의미 알기
	낱말의 의미 관계 알기	유의 관계 알기
		반의 관계 알기
		상하의 관계 알기
		동음이의 관계 알기
		다의 관계 알기
		공기 관계 알기

학습 활동의 구성과 특징

구체적인 모습이 아닌 어휘들과 그것들을 익히는 행위를 가능한 재미있고 구체적인 형상으로 만들었습니다. 서유기와 같은 피카레스크식 구성의 이야기를 줄거리로 하여 추상적이고 딱딱한 학습 활동들을 줄거리 속의 작은 에피소드로 이어지게 구성하였습니다. 이렇게 함으로써 학습자가 이야기의 주동인물(주인공)로 나서서 활동을 진행해 나갈 수 있습니다.

배경 이야기를 통해 어휘를 왜 익히고 늘여 나가야 하는지를 이해하고, 이어지는 구체적인 학습 활동을 반복되는 공부가 아닌 놀이처럼 받아들일 수 있도록 했습니다. 이를 위해 아이들이 요괴들과 다양한 형태의 어휘 대결을 펼치도록 했는데, 대결을 통해 성취감과 재미를 느끼게 해주는 것은 물론 학습 동기를 유발하고 의욕을 지속적으로 유지할 수 있게 했습니다.

어휘의 바탕을 다지는 5단계 학습

하루에 활동 3개씩

주제별로 한 주에 5일 동안 학습할 수 있도록 5개의 단계로 나누어 놓았습니다. 각 단계는 하루 학습 분량이고, 활동 개수는 3개입니다. 따라서 한 주에 해야 할 활동은 총 15개가 됩니다. 활동의 난이도나 아동의 실력에 따라 다소 차이가 있을 수 있지만 10~20분 내외에 하루 학습량을 끝낼 수 있을 것입니다.

단계별 활동 내용

각 단계별로 다루고 있는 활동은 단계별 학습 내용에 따라 배치됩니다. 단계별 학습 내용은 어휘의 기본적인 의미와 형태에서부터 어휘 간의 관계와 중의적 의미로까지 점점 심화되는 형태로 구성됩니다.

1단계

첫째 날 – 낌새의 장난

해당 주제에서 다루는 어휘가 무엇인지 살펴보고 이 어휘들의 사전적인 의미를 알아봅니다.

2단계

둘째 날 – 모양새의 방해

어휘의 형태를 살펴봄으로써 어휘들 사이에 공통으로 적용할 수 있는 요소가 있는지 알아보고 어휘와 어휘가 결합했을 때 새로운 의미의 어휘가 만들어지는 걸 이해합니다.

4단계

넷째 날 – 말본새의 심술

어휘의 중의적 의미나 관용적 의미에 대해 알아봅니다. 문장에 따라 사전적 의미와는 다른 새로운 의미가 부여될 수 있다는 것을 이해합니다.

3단계

셋째 날 – 말본새의 훼방

어휘 간의 의미 관계에 대해 알아봅니다. 유의, 반의, 포함 관계는 물론 어휘가 사용되는 환경이나 상황에 따른 연관성도 이해합니다.

5단계

다섯째 날 – 북새의 심통

지금까지 배운 어휘들을 정리하는 단계입니다. 여러 활동을 통해 어휘의 의미와 형태를 다시 복습하고 최종적으로 낱말 지도를 통해 어휘들을 계통적으로 분류하여 정리합니다.

구김새와 다섯 요괴

아주 먼 옛날, 세상에는 아직 글이란 게 없었습니다. 어떤 뜻을 나타내고 남겨 두려면 바위나 벽에 금을 몇 줄씩 그어 두는 게 고작이었습니다. 그런데 사람들이 점점 많아지고 세상일도 복잡해지면서 이런 방법은 갈수록 불편할 수밖에 없었답니다.

그러던 어느 날이었습니다. 어느 지혜로운 이가 새 발자국을 보고는 문득 이런 생각을 하게 되었습니다.

'새 발자국을 보면 저절로 새가 생각나잖아? 음, 그렇다면 새 발자국을 간단하게 그려서 이것을 '새'라는 말과 짝지어 읽으면 되겠다.'

지혜로운 이는 이 방법으로 다른 여러 가지 짐승도 나타내어 보고 여러 물건에도 같은 방법을 써 보았습니다. 그러고는 곧장 사람들에게 그림과 말을 짝짓는 방법을 알려 주었습니다. 그림에다 말과 뜻을 짝지어서 쓰는 방법은 참 편리하고 간단했습니다. 그래서 금방 널리 쓰이게 되었습니다. 그리고 이렇게 약속된 그림들에게 사람들은 '글'이라고 이름을 붙였습니다. 글을 만드는 방법을 사람들이 알게 되자 많은 글들이 생겨나게 되었습니다. 이렇게 생겨난 많은 글을 가지고 서로의 생각을 나누다 보니 사람들이 한층 똑똑해지고 지혜로워졌습니다.

그런데 세상 사람들이 글로 인해 점점 똑똑해지고 지혜로워지는 걸 시샘하고 두려워하는 존재가 있었습니다. 바로 땅속에 있던 귀신들이었지요. 귀신들은 사람들이 글 덕분에 똑똑해지고 지혜로워져서 자신들을 더 이상 두려워하지도 않고 받들지도 않을 것이라 생각했기 때문이었습니다.

귀신들은 사람들이 더 이상 똑똑해지면 안 되겠다고 생각했습니다. 그래서 우선은 글을 배우고 익히는 것을 방해하기로 마음먹었습니다. 귀신들은 이 고약한 계획에 부엉이를 이용하기로 했습니다. 부엉이의 몸을 빌어 세상에 나가 사람들의 마음과 생각을 망가뜨리려 했던 것이지요. 하필 부엉이인 까닭은 부엉이가 미운털이 단단히 박힌 탓이었습니다. 사람이 글을 만들어 내게 된 것은 새 발자국을 보면서였는데, 그 발자국이 바로 부엉이 것이었기 때문입니다.

귀신들은 부엉이의 몸을 빌어서 세상으로 나갈 귀신을 뽑았습니다. 그리고 뽑힌 귀신은 곤히 잠들어 있던 한 부엉이의 몸으로 스며 들어갔습니다. 부엉이 몸을 빌어 세상에 나온 귀신은 나중의 일이지만 '구김새'라고 불리게 됩니다.

세상에 나온 구김새는 곧장 부엉이와 올빼미들 가운데 몇몇을 마법으로 홀려 부하로 만들었습니다. 그들의 이름은 각각 '낌새, 모양새, 말본새, 북새'였습니다. 그리고 구김새는 부하들도 모르게 '촉새'라는 부하 요괴도 만들어 두었습니다. '촉새'는 흔히 집에서 볼 수 있는 시궁쥐로 부하 요괴들을 살피고 구김새에게 보고하는 일을 맡은 요괴였습니다.

이렇게 구김새는 다섯 부하 요괴와 함께 세상에 나가 사람들이 말과 글을 쓸 때면 언제나 우리 마음과 생각 속으로 몰래 끼어들어 방해를 놓았습니다. 그리고 사람들의 욕심을 부추겨 서로 헐뜯고 다투게 했습니다. 순식간에 세상은 엉망이 되

기 시작했고 구김새와 그 부하들의 계획은 성공하는 듯했습니다.

그런데 세상이 더 이상 험해질 수 없을 정도로 바뀐 어느 날이었습니다. 해가 멀쩡히 떠 있는 맑은 하늘에서 갑자기 곡식 낟알이 비처럼 쏟아지는 것이었습니다. 곡식 낟알이 내리는 것은 하늘이 세상 사람들을 돌보기 위한 것으로, 사람들이 말과 글로 더 이상 다투지 말고 곡식을 심고 키우며 사이좋게 지내게 하기 위함이었습니다. 낟알비의 정체를 알게 된 요괴들은 낟알들을 닥치는 대로 먹어 치웠습니다. 그런데 낟알에는 구김새도 알아차리지 못한 비밀이 한 가지 숨겨져 있었습니다. 낟알은 사람에게는 이롭지만 요괴들에게는 해로워서 요괴들을 멍청해지게 만들었습니다. 하늘은 만만해진 요괴들을 사람들이 이겨 내고 물리치는 가운데 말과 글을 제대로 배우고 익혀서 다시 지혜롭고 총명하게 되길 바란 것이지요. 낟알을 먹

을 수 있는 만큼 먹어 치운 요괴들은 자신도 모르게 한껏 멍청해져 함부로 나다닐 수 없게 되었습니다.

구김새를 비롯한 여러 요괴들은 생각했던 만큼 제대로 사람들의 생각을 망칠 수가 없었습니다. 제 형편을 깨달은 구김새는 슬쩍 작전을 바꾸었습니다. 세상 사람 모두를 상대하기보다는 만만한 아이들을 노리기로 한 것이지요. 아이들의 생각 속에 둥지를 틀고 앉아서 말과 글을 배우고 익히는 것을 방해하기로 마음먹은 것입니다. 그것은 아이들이 익힌 말과 글을 훔쳐 내고, 지우고, 잊어버리게 만드는 것입니다.

하지만 너무 걱정하거나 두려워할 필요는 없습니다. 이 이야기 바로 뒤에 구김새와 맞서러 가는 길을 만들어 두었기 때문입니다. 구김새를 비롯하여, 낌새, 모양새, 말본새, 북새가 가리고, 숨기고, 훔치고, 지워 버린 말과 글을 찾아서 배우고 익힐 수 있도록 말입니다. 자신감을 갖고 지금부터 구김새와 다섯 요괴들의 심술과 훼방을 하나하나 물리쳐 보세요.

나오는 낱말 훼방꾼들

구김새

부엉이의 몸을 빌어 세상에 나온 요괴의 우두머리. 부엉이와 올빼미들 중 몇몇을 마법으로 홀려 부하로 삼은 뒤 사람들이 글을 익혀 똑똑해지는 것을 막으려고 해요.

낌새

낱말을 익히는 걸 귀찮게 여기도록 만드는 임무를 맡은 부엉이. 어떤 일이 일어날지 미리 알아차릴 수 있는 눈치를 사람들에게서 빼앗아 버리는 특기를 가지고 있어요.

모양새

낱말의 꼴을 알아채지 못하도록 방해하는 임무를 맡은 부엉이. 낱말이 어떻게 이루어져 있는지 모르게 만들어 새 낱말을 만들거나 새 낱말의 뜻을 알아채지 못하게 해요.

말본새

낱말의 뜻과 쓰임새를 알아채지 못하도록 방해하는 임무를 맡은 부엉이. 낱말의 뜻을 잘못 알게 함으로써 사람들의 생각 속에서 거짓과 속임이 빚어지게 만들려고 해요.

북새

요괴 부엉이들 중 막내지만 가장 성격이 고약해요. 요괴들의 방해로 멍청해진 사람들을 부추겨 서로 잘난 체하며 시끄럽게 떠들도록 만들어서 결국에는 고집불통 바보 멍청이들로 만들려고 해요.

촉새

원래는 시궁쥐였는데 구김새가 부하 요괴를 살피고 세상 사람들의 이야기를 엿듣기 위해 새처럼 만든 요괴. 남의 말을 엿듣는 데 뛰어난 재주를 갖고 있지만 말과 하는 짓이 가볍고 방정맞지요.

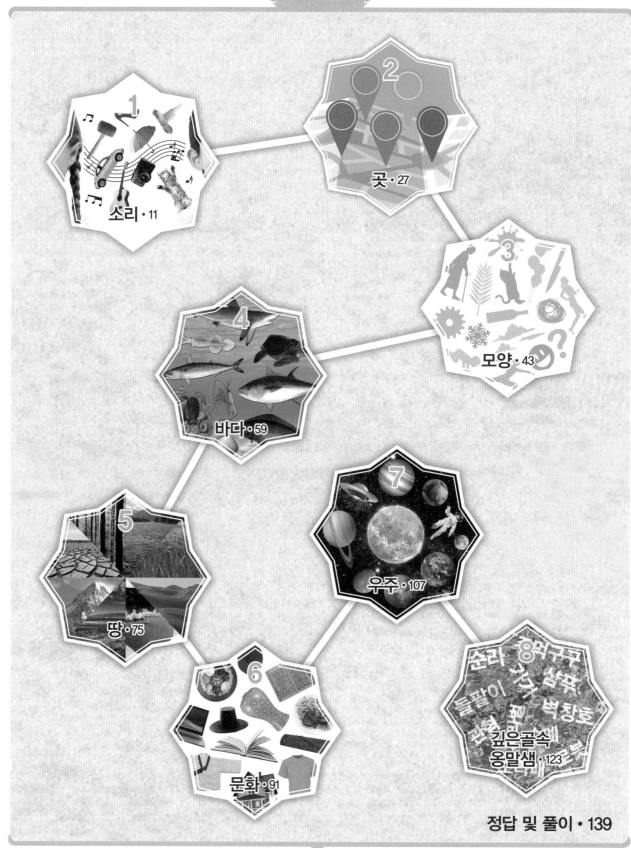

1 소리·11

2 곳·27

3 모양·43

4 바다·59

5 땅·75

6 문화·91

7 우주·107

8 순리 먹구구 돌팔이 삵쾡 벽창호 깊은골속 옹말샘·123

첫째 주

소리

1

소리를 나타내는 낱말들을
가지고 부엉이 요괴들이
심통을 부리고 있습니다.
요괴들에게서 낱말을
되찾아 옵시다.

낌새의 장난

낌새가 소리 낱말들을 알아보지 못하게 장난을 쳐 놓았어요. 낱말들이 본래의 모습으로 돌아갈 수 있도록 여러분이 도와주세요.

하나, 시끄러워, 울음 뚝! 소리 낱말 회상하기

낌새가 동물들이 우는 소리가 시끄럽다고 울음소리를 나타내는 낱말을 가져다 마구 뒤섞어 버렸습니다. 덕분에 동물들이 모두 울음소리를 잃어 버렸네요. 동물들의 제소리를 찾아 주세요.

보기 귀뚤 개굴 야옹 귀뚤 야옹 개굴

개 굴 개 굴

보기 끼룩 맹꽁 따옥 맹꽁 따옥 끼룩

보기 삐악 까옥 지지 삐악 배배 까옥

둘, 낌새의 김새 작전 소리 낱말 인식하기

낌새가 웬일로 소리를 나타내는 낱말을 알려 줍니다. 그러나 그러면 그렇지! 세 낱말 가운데 같은 글자를 가려 버렸네요. 김새게 하려는 작전입니다. 당할 수는 없죠. 도리어 낌새가 김새 게 어떤 글자인지 알아내 써넣어 줍시다.

중얼중얼
흥 흥
칭 칭

첨 첨
덤 덤
철 철

바 바
와 와
속 속

와 와
지 지
자 자

사 사
달 달
또 또

딸 딸
짤 짤
찰 찰

벙 글 랑   얼 각 삭

셋, 소리소리 소리 주인 소리를 흉내 낸 낱말 알기

낌새가 소리를 나타내는 낱말을 알아보지 못하게 하려고 짓궂게 장난을 치네요. 어떤 소리를 나타내는 낱말은 으레 그 소리를 내는 주인 낱말이 있는데, 낌새가 주인 낱말을 찾아 입을 막아 버렸어요. 소리를 나타내는 낱말을 보고 소리의 주인 낱말을 써 봅시다.

"콜록콜록"

기 □ 침

"딸꾹딸꾹"

□ 질

"주룩주룩"

□ 물

"소곤소곤"

□ 야

"뛰뛰빵빵"

□ 동

"뚝딱뚝딱"

망 □

"띵까띵까"

악 □

"칙칙폭폭"

기 □

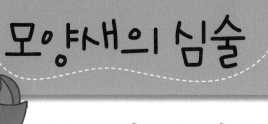

모양새의 심술

모양새가 낱말들이 어울려 새로운 낱말이 되는 걸 방해하고 있어요. 낱말들이 제자리를 찾아 새 낱말이 될 수 있도록 여러분이 도와주세요.

하나, 늘이고 줄이고 낱말의 줄어든 형태 알기

모양새가 소리를 나타내는 낱말의 본딧말과 준말로 심술을 부립니다. 본딧말을 줄여서 준말로 만들고, 준말은 늘여서 본딧말로 만들 수 있냐고 하네요. 당연히 할 수 있지요! 어떤 것은 늘이고 어떤 것은 줄여 낱말을 되찾읍시다.

부[르]룽부[르]룽 → 부룽부룽

보드득보드득 → 보〔 〕보〔 〕

바〔 〕〔 〕바〔 〕〔 〕 → 바직바직

달가닥달가닥 → 달〔 〕달〔 〕

그르렁그르렁 → 그〔 〕그〔 〕

뿌〔 〕〔 〕뿌〔 〕〔 〕 → 뿌직뿌직

키드득키드득 → 키〔 〕키〔 〕

삐〔 〕덕삐〔 〕덕 → 삐걱삐걱

둘, 소리소리 이름 낱말의 비유적 의미 알기

모양새가 마법 부적에다 사람이나 사물을 이르는 낱말을 가두어 버렸습니다. 이 낱말들은 부적의 글 가운데 있는 소리흉내말에서 나왔답니다. 부적의 글을 살펴보고 소리흉내말에서 나온 알맞은 낱말을 써넣어 구출하세요.

덜렁이

너 자꾸 덜렁덜렁 그런 식으로 하면 모둠에서 빼 버릴 거야.

□□이

뭐가 신이 나서 그렇게 촐랑촐랑하면서 다니니?

□□이

장난감에서 딸랑딸랑 소리가 나자 아기는 울음을 그쳤다.

□□이

아기가 옹알옹알할 때 이야기를 많이 해 주면 말문이 빨리 트인다고 하더라.

□□이

무슨 일이든 덤벙덤벙 대지 말고 침착하게 해야 한다, 알았지?

□□이

자루 속에 갇힌 고양이가 갑갑한지 계속 야옹야옹 야옹거렸다.

셋, 소리 딱지 놀이 한판   센말 알기

모양새가 소리를 나타내는 낱말을 소리 딱지로 만들어 놓았습니다. 아무래도 딱지치기 한판을 벌여야겠네요. 모양새의 소리 딱지 패에 있는 낱말보다 센 소리 낱말 딱지 패를 만들어 내면 따먹을 수 있답니다. 모양새의 낱말보다 센 낱말을 만들어 주세요.

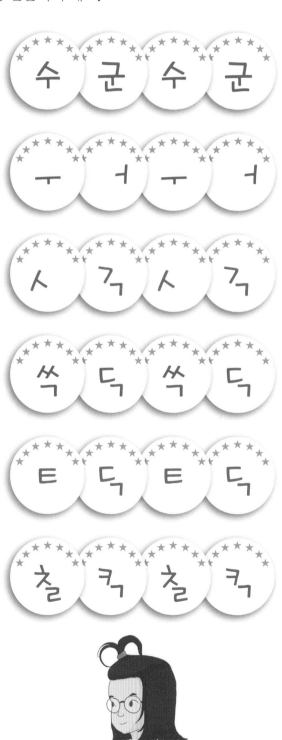

말본새의 훼방

하나, 맞는 소리와 헛소리   낱말의 중심적 의미 알기

말본새가 소리를 나타내는 낱말 가운데 비슷한 것 셋을 내놓고는 찾아 갈 테면 찾아가 보라고 합니다. 글에 알맞은 소리는 하나뿐이고 나머지 는 헛소리랍니다. 알맞은 소리를 골라내면 셋 다 주겠지만, 못 골라내 면 모두 잃게 될 거라고 하네요. 글에 알맞은 소리를 골라 주세요.

호랑이의
(으르렁)
으하하
으흐흑
소리에 새들이 날아갔다.

박사는 제자의 재치 있는 농담에
꿀꿀
쿨쿨
껄껄
웃었다.

그는 코까지
출렁출렁
덜렁덜렁
드렁드렁
골며 자고 있었다.

집 안에서는 슬리퍼를
찍찍
짹짹
쩍쩍
끌고 다니지 마라.

옆 반에서
좌르르
따르르
까르르
터지는 웃음소리가 들려왔다.

창밖에서
파드득파드득
후드득후드득
바드득바드득
빗소리가 들린다.

둘, 넌지시 세 마디 낱말의 주변적 의미 알기

말본새가 어떤 소리를 나타내는 낱말을 걸고 넌지시 내기를 걸어왔습니다. 어떤 낱말과 관계 있는 세 마디를 하는 동안 무슨 낱말인지 알아내라고 하네요. 말본새가 넌지시 하는 말을 보고 무슨 낱말인지 알아내 써 보세요.

왁 자 지 껄

"어지러워"
"시끄럽고"
"지껄이네"

흥 ☐ ☐ ☐

"흥겨워"
"노래하고"
"입 속으로"

터 ☐ ☐ ☐

"무거워"
"힘없고"
"걸어가네"

☐ 까 ☐ 까

"신나고"
"요란하게"
"연주하네"

헐 ☐ ☐ ☐

"가쁘고"
"거칠게"
"숨쉬네"

☐ ☐ ☐ 근

"어린이가"
"곤하게"
"잠들었네"

덜 ☐ ☐ 컹

"물건이"
"부딪치네"
"울린다네"

주 ☐ ☐ ☐

"빗물이"
"굵게"
"흘러내리네"

셋. 딴소리 닮은 소리 낱말의 중심적 의미 알기

말본새가 소리를 나타내는 낱말을 되찾지 못하게 두 낱말씩 묶어 놓았습니다. 두 낱말의 같은 점을 알아내면 풀어낼 수 있답니다. 빈칸에 알맞은 낱말을 써넣으세요.

히히
낄낄

웃 음

엉엉
흑흑

□ 음

훌쩍
흥흥

□

뚜벅뚜벅
또각또각

발 □ 음

드렁드렁
새근새근

□

소곤소곤
속닥속닥

이 □ 기

말본새의 심술

말본새가 낱말들의 쓰임새를 알지 못하게
심술을 부리고 있어요. 낱말들이 쓰임새에 따라
제 역할을 할 수 있도록 도와주세요.

하나, 을로를로 을를으로 마법

낱말의 주변적 의미 알기

말본새에게는 마법이 있답니다. 어떤 사물의 소리를 바꾸면 사물도 순식간에
변신한대요. 말본새가 내기를 걸어왔습니다. 한 낱자, 한 글자만 바꾼 알맞은
소리를 써서 말본새가 말하는 사물이 되게 만들라네요.

꿀꿀	앵앵	으르렁
배고픈 돼지를	모기를	성난 개를
▼	▼	▼
잠자는 돼지로	심벌즈로	잠자는 개로
[쿨][쿨]	[　][　]	[　]르렁

부릉부릉	따옥따옥	끼룩끼룩
자동차를	따오기를	갈매기를
▼	▼	▼
자전거로	까마귀로	빗줄기로
[　]릉[　]릉	[　]옥[　]옥	[　]룩[　]룩

둘, 뭔 소리 먼 소리 낱말 간의 의미 관계 알기

소리 낱말을 내준 말본새가 약이 올랐나 봅니다. 이번에는 '뭔 소리 먼 소리 내기'를 걸어왔습니다. 말본새가 중얼대는 세 낱말 가운데 나머지 둘과 거리가 먼 것을 찾아내랍니다. 우리가 못 할 줄 아나 봅니다. 소리 낱말 중 거리가 먼 것을 골라내 나머지 낱말도 되찾읍시다.

- ☐ 꼬끼오
- ☐ 꼬꼬댁
- ☑ 꼬르륵

- ☐ 속삭속삭
- ☐ 퐁당퐁당
- ☐ 두런두런

- ☐ 우지직
- ☐ 와지끈
- ☐ 우수수

- ☐ 덜커덕
- ☐ 찰카닥
- ☐ 꼴까닥

- ☐ 칭얼칭얼
- ☐ 출렁출렁
- ☐ 철벙철벙

- ☐ 와르르
- ☐ 우르르
- ☐ 까르르

- ☐ 터덜터덜
- ☐ 털썩털썩
- ☐ 뚜벅뚜벅

- ☐ 푸푸
- ☐ 퉤퉤
- ☐ 뚜뚜

셋, 수상한 말소리 낱말의 관용적 의미 알기

둘 이상의 낱말이 어울려 습관적으로 쓰는 말들입니다. 그런데 말 속에 있는 소리를 나타내는 낱말이 엉뚱하게 들어갔네요. 말본새가 글에 맞지 않게 바꾸어 놓았답니다. 알맞은 소리를 찾아 ✔표 해 주세요.

참새가 죽어도 쨍 한다

아무리 약한 것이라도
너무 괴롭히면 맞서 싸운다.

☑쨕 ☐찍 ☐꽥

가랑잎이 솔잎더러 우수수거린다고 한다

자기 잘못은 생각하지 않고
남의 잘못만 나무란다.

☐바스락 ☐바지직 ☐바드득

주머니를 뽕뽕 털다

가지고 있는 돈을
다 내놓다.

☐똑똑 ☐펑펑 ☐톡톡

먹을수록 호호 한다

먹을수록 욕심이 나서
더 먹고 싶어 한다.

☐쯧쯧 ☐냠냠 ☐히히

금 나와라 헐떡
은 나와라 헐떡

도깨비들이 방망이를 치며
떠들썩한 것처럼 시끄럽다.

☐뚝딱 ☐쿵쿵 ☐뎅겅

북새의 심통

북새가 지금까지 배운 낱말들을 알아볼 수 없도록 숨기거나 엉뚱하게 만들고 있어요. 북새의 심통에 낱말들이 도망가지 않도록 여러분이 지켜 주세요.

하나, 북새 말하건대 소리 어휘 알기

북새가 소리 낱말을 가둔 '말하건대'를 찾았습니다. '말하건대'에는 소리 낱말을 풀어주는 주문이 씌어져 있습니다. 하지만 우리가 못 알아보게 북새가 주문을 가려 놓았네요. 주문의 빈칸에 알맞은 글자를 써서 소리 낱말을 풀어 줍시다.

| 개 | 와 | 우 | | 댁 | 따 | 끄 |

수탉은 꼬끼오, 암탉은 꼬꼬 **댁**

배고프면 꼬르륵, 배부르면 ☐ 르륵

자동차는 부르릉, 자전거는 ☐ 르릉

청개구리는 굴개굴개, 개구리는 ☐ 굴 ☐ 굴

갑자기 웃으면 까르르, 갑자기 무너지면 ☐ 르르

사람이 쓰러지면 꽈당탕, 물건이 쏟아지면 ☐ 당탕

둘, 북새통의 까닭 <small>소리 어휘 알기</small>

북새가 소리 낱말들을 감춘 북새통입니다. 북새통에는 '까닭'이라는 쌈닭 6마리가 갇혀 있습니다. 본래 '닥'으로 끝나는 소리 낱말이었는데 북새의 마법 때문에 닭이 되었답니다. 잡혀온 까닭을 읽어 보고 본래 소리를 보기에서 골라 써주면 풀려난답니다.

목구멍으로 한꺼번에 넘어가는 소리였던 까닭이지.

꼴 까 닥

보기

왈카닥

꼴까닥

달가닥

파드닥

찰카닥

작고 단단한 물건이 맞부딪치는 소리였던 까닭이지.

□ □ 닥

단단한 물건들이 서로 매우 거칠게 부딪치는 소리였던 까닭이지.

□ □ 닥

작은 자물쇠 따위가 잠기거나 열리는 소리였던 까닭이지.

□ □ 닥

작은 새가 힘차게 날개를 치는 소리였던 까닭이지.

□ □ 닥

셋, 소리 낱말 지도 <small>소리 어휘 알기</small>

소리를 가리키는 낱말들이 이어지는 지도입니다. 소리에 대한 생각을 할 수 없도록 북새가 군데군데 지워 놓았습니다. 낱말 이음새를 살펴보고, 빈칸에 알맞은 글자를 써서 지도를 완성해 보세요.

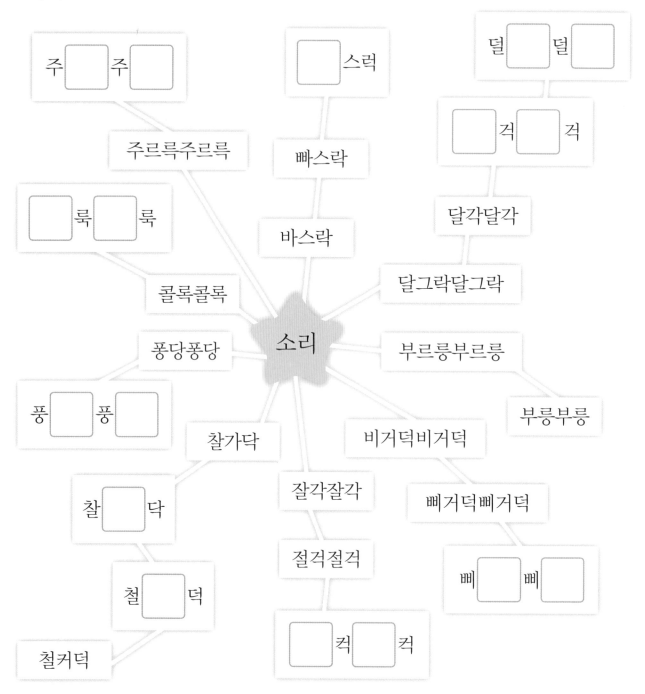

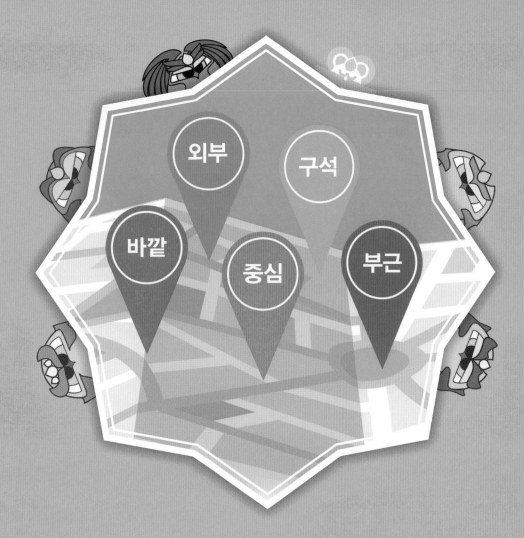

둘째 주
곳 2

곳을 나타내는 낱말을 가지고
부엉이 요괴들이 심통을
부리고 있습니다.
요괴들에게서 낱말을
되찾아 옵시다.

낌새의 장난

낌새가 곳 낱말들을 알아보지 못하게 장난을 쳐 놓았어요.
낱말들이 본래의 모습으로 돌아갈 수 있도록
여러분이 도와주세요.

하나, 뱅뱅 맴맴 뜻풀이   곳 낱말 회상하기

낌새가 웬일로 '곳'과 비슷한 뜻의 낱말 세 개의 뜻풀이를 해주겠다고 하네
요. 그런데 뜻풀이가 꼬리에 꼬리를 물고 뱅뱅 맴돌기만 합니다. 빈칸에 알
맞은 낱말을 써 넣어 낌새의 장난을 물리쳐 보세요.

장소, 그건 곳이지!!

곳 은

공간에 정해 놓은
한 자리야!

곳, 그건 자리지!!

공간 그건 장소지!!

□ 소 는

어떤 일이 이루어지거나
일어나는 곳이야!

□ 리 는

사람이나 물체가 차지하고
있는 공간이야!

자리, 그건 공간이지!!

공 □ 은

어떤 것이 있거나 무슨 일이 일
어날 수 있는 장소야!

둘, 낱말 사방치기 <small>곳 낱말 인식하기</small>

낌새가 낱말 사방치기를 하자고 합니다. 낌새가 말하는 곳이 어딘지 알겠냐고 하네요. 우리가 못 알아낼 거라는데요? 낌새의 코를 납작하게 해 줍시다. 낌새가 말하는 곳을 찾아 그곳의 숫자를 빈칸에 쓰면 됩니다.

앞의 위의 왼쪽

앞의 위의 오른쪽

중앙의 바로 위

양옆의 아래편

가운데 아래의 아래 양옆

나의 앞모습!

이건 나의 뒷모습!

셋, 너도 나도 아는 곳 곳 낱말 회상하기

낌새가 사물의 어느 한 곳이나 어떤 장소의 한 곳을 이르는 낱말을 늘어놓고 있습니다. 이 낱말들 가운데, 낌새도 알고 우리도 알고 있는 곳이 있답니다. 무슨 소리일까요? 곳을 가리키는 낱말을 모두 찾아 지워 보세요. 남는 두 글자가 바로 그 낱말이랍니다.

주변 저기 언저리

바깥 곁 속 테두리

가장자리 한복판 끄트머리

변두리 끝 주위 외부 거 곳곳

내부 이곳 저곳 밖 안 여기 요기

복판 기 둘레 중심 안팎 가

너도 알고 나도 아는
바로 그곳!

모양새의 심술

모양새가 낱말들이 어울려 새로운 낱말이 되는 걸 방해하고 있어요. 낱말들이 제자리를 찾아 새 낱말이 될 수 있도록 여러분이 도와주세요.

하나, 스리슬쩍 사리살짝   낱말의 형태 알기

우리가 곳 낱말을 익히는 것을 참을 수 없는 모양새가 또 심술입니다. 어떤 말에 쓰이는 곳 낱말에 몹쓸 짓을 했답니다. 본래 모습을 스리슬쩍 바꿔 놓은 거죠. 모양새가 스리슬쩍 바꾼 낱말을 찾아내 사리살짝 바로잡아 주세요.

바같에는 비가 내리고 있다.

바 깥

운동장 둘래에 나무를 심을까?

미리 집 안밖을 청소해 두어라.

그 건물은 도시 복반에 있어요.

저 멀리 북녁 하늘만 바라봅니다.

나뭇가지의 끝의머리에 매달렸다.

둘, 꼽사리 낱말 둘 이상의 낱말로 이루어진 낱말(복합어) 알기

모양새가 여러 낱말이 어울려 하나가 된 낱말들로 또 심술입니다. 다섯 낱말에는 같은 글자가 있습니다. 같은 글자는 같은 낱말이라는 모양새의 말을 믿을 수가 없습니다. 그 가운데는 거저 끼어든 낱말이 있습니다. 찾아내 보세요.

- [ ] 쓸데
- [ ] 가운데
- [ ] 헌데
- [ ] 한군데
- [✓] 그런데

- [ ] 제자리
- [ ] 일자리
- [ ] 빈자리
- [ ] 별자리
- [ ] 고추잠자리

- [ ] 샘터
- [ ] 장터
- [ ] 공터
- [ ] 모니터
- [ ] 놀이터

- [ ] 한곳
- [ ] 그곳
- [ ] 송곳
- [ ] 외딴곳
- [ ] 이곳저곳

- [ ] 안쪽
- [ ] 남쪽
- [ ] 양쪽
- [ ] 뾰쪽
- [ ] 바깥쪽

남이 노는 판에 거저 끼어드는 일을 꼽사리라고 하지?

촉새, 니가 지금 꼽사리 끼는 거야!

- [ ] 약속
- [ ] 품속
- [ ] 땅속
- [ ] 빈속
- [ ] 가슴속

셋, 마구 잡아 골라 잡아 낱말의 형태 알기

모양새가 꼴과 소리가 비슷하지만 뜻이 다른 낱말들을 내보이고 있습니다. 우리가 제대로 골라 쓸 수 있겠냐고 놀리네요. 글에 알맞은 낱말을 골라 써서 모양새를 놀려 줍시다.

담 너 머 , 붉은 지붕의 학교가 보인다.

너머
넘어

도둑이 담을 ☐☐ 들어온 것 같다.

☐☐ 무릎에서 뚝 하는 소리가 났다.

옳은
오른

그래, 네 말이 백번 ☐☐ 소리다.

눈두덩과 광대뼈 ☐☐에 멍이 들었다.

어름
얼음

쌓인 눈이 ☐☐으로 바뀌었다.

문짝 ☐☐가 잘 맞지 않아 소리가 난다.

아귀
어귀

저기를 봐. 동네 ☐☐가 보인다.

말본새의 훼방

말본새가 낱말들이 갖고 있는 뜻을 알지 못하게 훼방을 놓고 있어요. 낱말들이 제 역할을 할 수 있도록 도와주세요.

하나, 뜻 더하기 의미 빼기 낱말의 중심적 의미 알기

말본새가 요상한 '뜻 더하기 의미 빼기' 문제를 내 놓았습니다. 잡아둔 낱말을 그냥은 못 준다며 낱말의 뜻을 더하고 의미를 빼서 찾아가 보라 네요. 보기에서 알맞은 낱말을 골라 써서 낱말을 되찾읍시다.

보기

사방	양쪽	공간	턱
중심	빈자리	둘레	

바닥 + 모 = [턱]

왼쪽 + 오른쪽 = ☐☐

지역 – 변두리 = ☐☐

곳곳 – 제자리 = ☐☐☐

동 + 서 + 남 + 북 = ☐☐

앞뒤 + 위아래 + 옆 = ☐☐

터 – 가운데 – 테두리 = ☐☐

둘, 낱말 사진첩　낱말 간의 의미 관계 알기

사람이나 짐승의 몸 어느 곳을 가리키지만 물체의 한 부분을 가리키기도 하는 낱말이 있습니다. 말본새가 그런 낱말을 그림으로 가두어 놓았습니다. 낱말을 되찾아 오려면 말본새가 지워 놓은 그림 제목을 완성하면 된답니다.

산 둘레의 중턱

셋, 버벅버벅 뒤범벅 낱말 간의 의미 관계 알기

우리가 곳 낱말을 익히는 꼴을 그냥 보고만 있지 않는 말본새, 버벅거리는 척하며 두 낱말을
뒤범벅으로 만들어 놓았습니다. 언뜻 보면 어떤 낱말인지 알 수가 없네요. 촉새에 따르면 비슷
하거나 같은 뜻의 두 낱말이랍니다. 가려내 봅시다.

근 처	근부 처근	근
하	아하위 상래	아
은	건맞은 너편편	편
부	꽁뒷무 부니분	무
리	모귀서 리퉁이	이
한	한데가판 복한운	한

말본새의 심술

말본새가 낱말들의 쓰임새를 알지 못하게
심술을 부리고 있어요. 낱말들이 쓰임새에 따라
제 역할을 할 수 있도록 도와주세요.

하나, 반대말벌집   낱말 간의 의미 관계 알기

말본새가 뜻이 반대되는 두 낱말을 무서운 '반대말벌'의 벌집에다 숨겨 놓았
어요. 반대말벌을 피해 낱말을 되찾읍시다. 벌집에 쓰인 글에서 뜻이 반대되
는 낱말 두 개를 골라내면 된답니다

꼭대기에 오르려면
밑바닥에서
시작해야 한다.

베개는 머리맡에
둬야지, 발치에
두는 게 아니야.

윗목이 찰 텐데,
이리 아랫목으로
와서 앉으세요.

힘든 오르막이
끝나자 곧바로
내리막이었다.

생선은 대가리가
맛있고 꽁지는
먹을 게 없어.

앞만 보고 가야 해,
뒤를 돌아볼
필요는 없어.

이 집은 바깥에서
보는 것과 안에서
보는 것이 다르지.

둘, 낱말 짝 시소 내기 낱말의 의미 알기

말본새가 곳 낱말 한 무리를 걸고 시소 내기를 걸어왔습니다. 왼쪽 두 낱말의 사이처럼 오른쪽에 낱말 짝을 만드는 것입니다. 왼쪽 두 낱말의 사이를 생각해 보고, 빈칸에 알맞은 낱말을 써넣으면 된답니다.

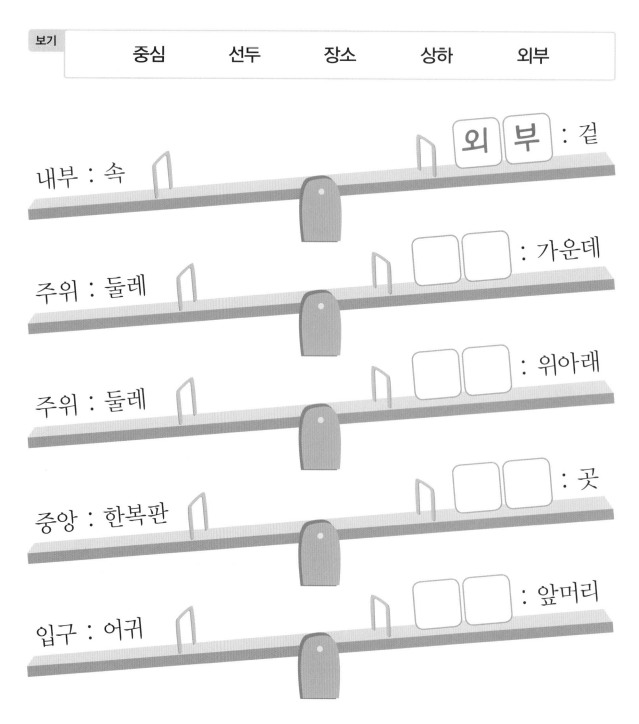

보기: 중심   선두   장소   상하   외부

내부 : 속 ↔ 외부 : 겉

주위 : 둘레 ↔ ⬚⬚ : 가운데

주위 : 둘레 ↔ ⬚⬚ : 위아래

중앙 : 한복판 ↔ ⬚⬚ : 곳

입구 : 어귀 ↔ ⬚⬚ : 앞머리

셋, 겉말과 속뜻 <small>낱말의 관용적 의미 알기</small>

둘 이상의 낱말이 어울려 습관적으로 쓰는 말들입니다. 말본새가 말 가운데 곳 낱말을 모두 빼버려 무슨 말인지 모르게 만들었습니다. 뜻풀이를 보고 빈칸에 알맞은 곳 낱말을 찾아 써 봅시다.

보기	밖 앞 위 아래 곳 속

매우 높은 곳에 있는 동네를
빗대어 이르는 말

하늘 아래 첫 동네

서로 어울리지 못하여
겉도는 사이

물 ☐ 의 기름

속마음과 다르게 하는 말

☐ 에 없는 말

뜻하지 아니한
엉뚱한 때나 곳

아닌 때 아닌 ☐

무서운 이 앞에서 설설 기면서
꼼짝 못한다는 말

고양이 ☐ 에 쥐

제 능력을 떨치어 나타낼 수 없는
처지에 몰린 사람을 이르는 말

물 ☐ 에 난 고기

북새의 심통

북새가 지금까지 배운 낱말들을 알아볼 수 없도록 숨기거나 엉뚱하게 만들고 있어요. 북새의 심통에 낱말들이 도망가지 않도록 여러분이 지켜 주세요.

하나, 딴에는 반대말 _곳 어휘 알기_

곳 낱말을 꿀꺽하고 달아나던 북새의 꽁무니를 잡았습니다. 낱말을 내놓으라고 다그치니까 이상한 소리를 하네요. 제 딴에는 꿀꺽한 낱말의 반대말이라나요? 북새의 '딴에는 반대말'을 보고 어떤 낱말인지 알아내 보세요.

때린편
맞 은 편

막치마
막 □ □

그른쪽
□ □ 쪽

찬틈
□ 틈

남편
□ □ 편

양복판
□ □ 판

녹은저리
□ 저리

이기면
□ 면

둘, 곳 낱말 지도 곳 어휘 알기

곳을 가리키는 낱말들이 이어지는 지도입니다. 곳에 대한 생각을 할 수 없도록 북새가 군데군데
지워 놓았습니다. 낱말 이음새를 살펴보고, 빈칸에 알맞은 글자를 써서 지도를 완성해 보세요.

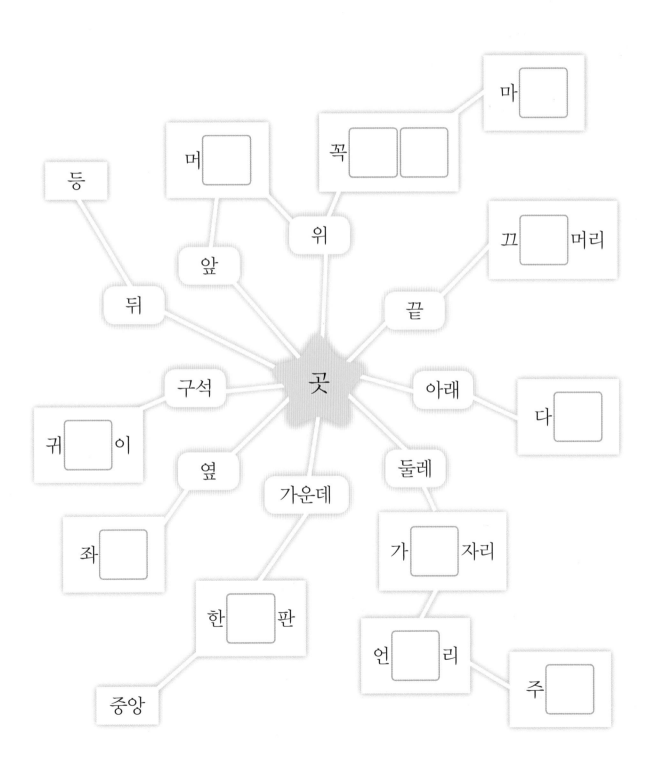

구김새의 꼼수

곳 낱말 미라 곳 어휘 알기

구김새가 낱말을 미라로 만들어 숨겨놓은 곳을 발견했습니다. 곳을 가리키는 낱말을 두 번씩 써서 이루어진 낱말들입니다. 미라가 된 탓에 낱말의 첫소리 낱자만 남아 있네요. 온전하게 만들어 미라가 된 낱말을 구출합시다.

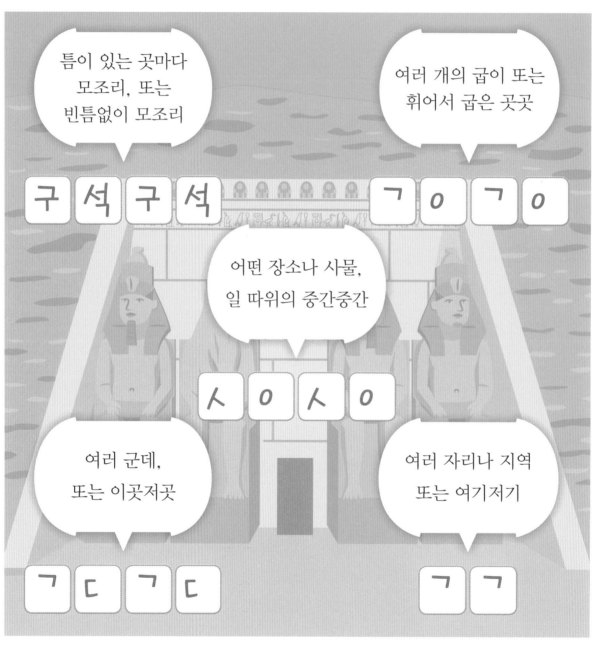

틈이 있는 곳마다 모조리, 또는 빈틈없이 모조리

구 석 구 석

여러 개의 굽이 또는 휘어서 굽은 곳곳

ㄱ ㅇ ㄱ ㅇ

어떤 장소나 사물, 일 따위의 중간중간

ㅅ ㅇ ㅅ ㅇ

여러 군데, 또는 이곳저곳

ㄱ ㄷ ㄱ ㄷ

여러 자리나 지역 또는 여기저기

ㄱ ㄱ

셋째 주
모양3

모양을 가리키거나 나타내는
낱말을 가지고 부엉이 요괴들이
심통을 부리고 있습니다.
요괴들에게서 낱말을
되찾아 옵시다.

껌새의 장난

껌새가 모양 낱말들을 알아보지 못하게 장난을 쳐 놓았어요.
낱말들이 본래의 모습으로 돌아갈 수 있도록
여러분이 도와주세요.

하나, 밑 빠진 말에 글 붓기 모양 낱말 회상하기

껌새가 우리 기억 속에서 모양을 나타내는 낱말을 지우려 합니다. 네 낱말
에서 같은 글자만 쏙쏙 빼내고 있습니다. 글자가 빠진 자리에 알맞은 글자
를 다시 채워 넣읍시다.

동□동□
방□방□
징□징□
우□쭈□

글

보기

렁 글 실 굿
룩 들 락 물

비□비□
넘□넘□
토□토□
굽□굽□

□

꼬□꼬□
우□우□
가□가□
우□쭈□

□

산□산□
시□시□
흔□흔□
오□오□

□

오□가□
들□날□
쥐□펴□
모□모□

□

쫑□쫑□
울□불□
싱□싱□
나□나□

□

얼□덜□
울□불□
절□절□
실□샐□

□

울□울□
주□주□
벌□벌□
치□치□

□

둘, 갸웃사촌 낱말 모양 낱말 인식하기

낌새가 모양을 나타내는 낱말이라며 이상한 소리를 지껄입니다. 가만 보니 모양을 나타내는 낱말 가운데 비슷한 둘을 합쳐서 만든 것입니다. 조금 닮았을까 말까 해서 갸웃사촌 낱말이랍니다. 낌새가 합쳐 놓은 두 낱말을 가려내세요.

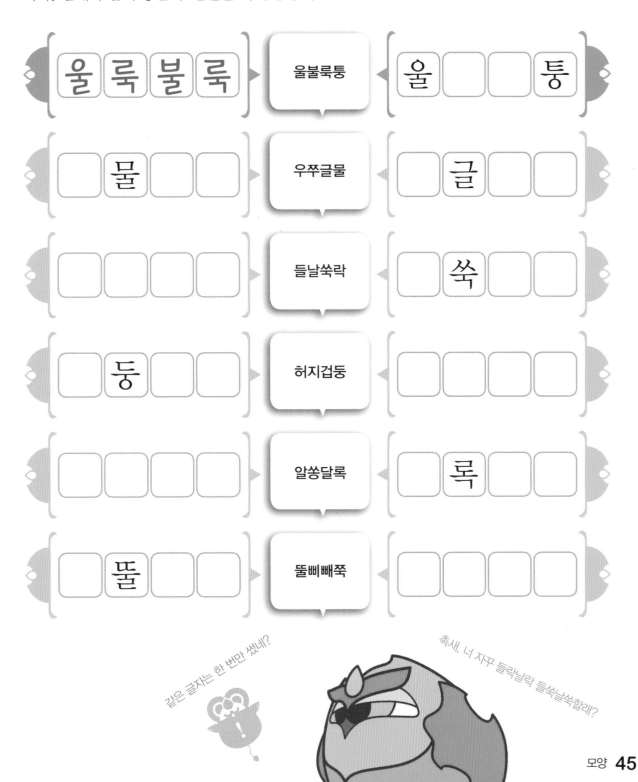

같은 글자는 한 번만 섰네?

촉새, 너 자꾸 들락날락 들쑥날쑥할래?

셋, 한눈판 새 작전 모양 낱말 인식하기

낌새가 모양을 나타내는 낱말들에 몹쓸 장난을 합니다. 글 속의 모양을 나타내는 낱말들을 엉뚱하지만 그럴듯한 낱말로 바꿔 놓았네요. 우리가 한눈을 팔면 속여 넘기려는 것이랍니다. 낌새가 고친 낱말을 바르게 고쳐 주세요.

어찌나 정글정글 웃는지 무섭기만 하더라.

징 글 징 글

아이는 눈이 초록초록 빛나고 있었다.

다음에 무슨 일이 일어날까 도마도마 했다.

저렇게 나물나물 입을 놀리니 혼이 나지.

시험시험 가도 금방에 도착할 것이다.

흥부는 신음신음 앓더니 마침내 몸져눕고 말았다.

기쁜 소식에 성실성실 어깨춤이 저절로 나왔다.

그는 눈을 뿌리뿌리 뜬 채로 노려보고 있었다.

모양새의 심술

모양새가 낱말들이 어울려 새로운 낱말이 되는 걸 방해하고 있어요. 낱말들이 제자리를 찾아 새 낱말이 될 수 있도록 여러분이 도와주세요.

하나, 헷글 헷글   낱말의 형태 알기

모양새가 모양을 나타내는 낱말들을 못 찾아가게 애를 쓰고 있습니다. 모양을 나타내는 낱말에 비슷한 꼴의 말을 섞어 헷글로 헷갈리게 만들었네요. 올바른 낱말에 ✓표 해서 헷글을 걸러 냅시다.

나는 동상처럼
□□□□ 서 있기만
했습니다.

- ✓ 우두커니
- ☐ 우둑허니
- ☐ 우둑커니

□□□□ 서서
체조를 하고 있는
사람들

- ☐ 널직널직
- ☐ 넓찍넓찍
- ☐ 널찍널찍

민희는 학교에
늦을까 봐
□□□□ 뛰어갔다.

- ☐ 불이나게
- ☐ 부리낳게
- ☐ 부리나케

□□□□ 달려갔지만
기차는 이미
떠난 뒤였어요.

- ☐ 불야불야
- ☐ 부랴부랴
- ☐ 부랴부라

그는 겸연쩍은 듯
앞이마를
□□□□ 긁었다.

- ☐ 글적글적
- ☐ 극적극적
- ☐ 긁적긁적

사내는 □□□ 웃고
있었으나 속으로는
울고만 싶었다.

- ☐ 빙그레
- ☐ 빙글에
- ☐ 빙그래

둘, 센 낱말 딱지치기 센말 알기

모양새가 모양을 나타내는 낱말을 딱지로 만들어 한판 붙자고 덤벼듭니다. 딱지치기에서 이기
는 법은 간단합니다. 상대보다 센 낱말딱지로 쳐 넘기면 되지요. 모양새의 낱말딱지에 쓰인 낱
말보다 더 센 낱말을 써넣어 보세요.

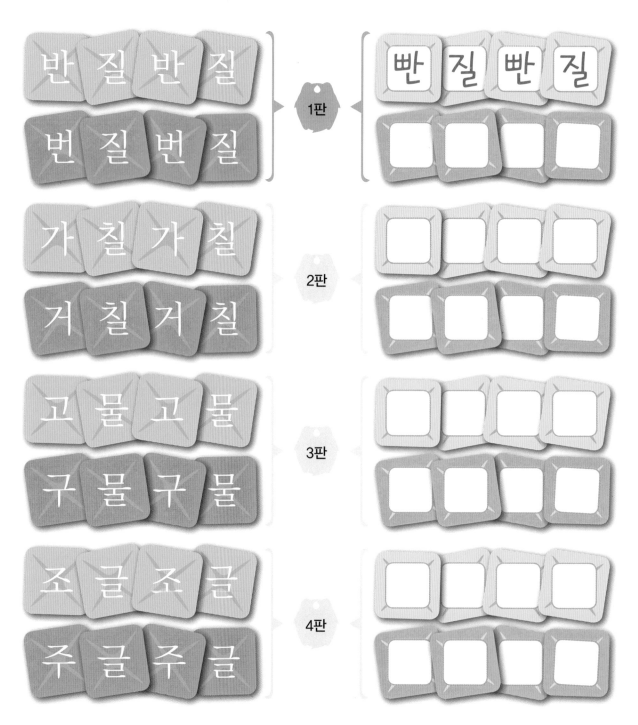

셋, 비밀 메모 낱말셈식 낱말의 형태 알아보기

모양새가 꼭꼭 숨겨놓은 비밀 낱말셈식 메모를 발견했습니다. 모양 낱말 둘로 새 낱말을 만드는 낱말 공식과 새 낱말 만들기 실험 자료입니다. 모양새가 숨겨놓은 비밀 낱말셈식을 익혀 내 것으로 만들어 봅시다.

$$\left(\frac{싱글싱글}{2} \right) + \left(\frac{벙글벙글}{2} \right)$$

싱글   +   벙글   =   싱글벙글

이리 해서 저리 하면
이리저리 되는 거지?

삐뚤삐뚤 + 빼뚤빼뚤 } = 삐 뚤 빼 뚤

실룩실룩 + 샐룩샐룩 } =

시끌시끌 + 벅적벅적 } =

우물우물 + 쭈물쭈물 } =

히쭉히쭉 + 해쭉해쭉 } =

시근시근 + 벌떡벌떡 } =

말본새의 훼방

말본새가 낱말들이 갖고 있는 뜻을 알지 못하게 훼방을 놓고 있어요. 낱말들이 제 역할을 할 수 있도록 도와주세요.

하나, 맞춤 낱말치레 낱말의 주변적 의미 알기

말본새가 모양을 나타내는 낱말들을 붙잡고 떼를 쓰고 있습니다. 주어진 낱말에 모두 어울리는 모양이라고 말입니다. 정작 어울리는 낱말은 하나뿐입니다. 어울리는 것을 골라내세요.

머리
- ✓ 절레절레
- ☐ 둥실둥실
- ☐ 살금살금

마음
- ☐ 날씬날씬
- ☐ 조마조마
- ☐ 곱슬곱슬

팔다리
- ☐ 힐끔힐끔
- ☐ 오손도손
- ☐ 후들후들

기억
- ☐ 펄쩍펄쩍
- ☐ 가물가물
- ☐ 넙죽넙죽

구두
- ☐ 갈팡질팡
- ☐ 무럭무럭
- ☐ 반들반들

이빨
- ☐ 흔들흔들
- ☐ 뒤뚱뒤뚱
- ☐ 부리부리

길
- ☐ 비틀비틀
- ☐ 주렁주렁
- ☐ 구불구불

눈
- ☐ 소복소복
- ☐ 실룩샐룩
- ☐ 허둥지둥

둘, 닮은 것 같은 데 유의 관계의 낱말 알기

말본새가 모양을 나타내는 낱말을 되찾게 내버려 두지 않습니다. 낱말 두 개씩을 묶고 친절하게도 두 낱말의 닮은 구석이나 같은 점을 중얼거리네요. 아니나 다를까 낱말을 군데군데 가려서 은근슬쩍 심통을 부립니다. 어떤 낱말인지 알아내 되찾아 옵시다.

안절부절 〉 불안 〈 □ 마 조 □

□ 막 짤 □ 〉 토막 〈 □ 강 동 □

□ 둥 빈 □ 〉 게으름 〈 □ 질 뺀

옥 □ □ 신 〉 다툼 〈 □ 격 태 □

□ 래 고 □ 〉 고함 〈 □ 럭 버 □

□ 실 굽 □ 〉 고개 〈 □ 벅 꾸 □

셋, 글 비빔 말 범벅 유의 관계의 낱말 알기

말본새가 모양을 나타내는 낱말 둘을 비벼서 범벅을 만들어 버렸습니다. 뜻이 비슷한 두 낱말
을 우리가 알지 못하게 하는 마법 주문이지요. 어떤 낱말들인지 알아내면 마법이 풀린답니다.
두 낱말을 가려내 써보세요.

말본새의 심술

말본새가 낱말들의 쓰임새를 알지 못하게
심술을 부리고 있어요. 낱말들이 쓰임새에 따라
제 역할을 할 수 있도록 도와주세요.

하나, 척하면 착이지 낱말의 중심적 의미 알기

말본새가 모양을 나타내는 낱말을 붙잡고 딴소리만 합니다. 가만 보니 모두
붙잡힌 낱말을 생각나게 하는 것들이네요. 딴에는 우리를 약 올리려는 겁니
다. 그래도 척하면 착이지요. 낱말을 알아내 되찾아 옵시다.

근육 움직여 비뚤게

실 룩 샐 룩

작은 것 모였네 제각각

옹 　 종

구름 잇따라 둥글게

게 　 게

열매가 매달려 많이

주 　 주

힘없어 어지러워 걸음걸이

비 　 비

살림살이 꾸리다 정성

알 　 살

둘, 허풍선 말풍선 낱말 간의 의미 관계 알기

말본새가 모양을 나타내는 말을 내놓기 싫어 촉새에게 줘 버렸습니다. 낱말을 꿀꺽한 촉새는 허풍선이 되어 버렸네요. 촉새의 허풍선을 뻥 터뜨려야 되찾아 올 수 있을 텐데요. 촉새가 꿀꺽한 네 낱말 중에 나머지 셋과 가장 거리가 먼 것을 잡아내면 터진답니다.

글썽글썽
울먹울먹
방긋방긋
그렁그렁

터덜터덜
비틀비틀
뒤뚱뒤뚱
날름날름

펄쩍펄쩍
쉬엄쉬엄
느릿느릿
엉금엉금

꼬깃꼬깃
한들한들
흔들흔들
펄럭펄럭

알쏭달쏭
갸웃갸웃
멀뚱멀뚱
버럭버럭

수북수북
그득그득
듬뿍듬뿍
긁적긁적

종알종알
나불나불
투덜투덜
복슬복슬

오락가락
쭈글쭈글
들락날락
갈팡질팡

셋, 벼락 맞을 소리 낱말의 관용적 의미 알기

말본새가 모양을 나타내는 낱말이 쓰인 속담이나 습관적으로 쓰는 말을 중얼거리고 있습니다.
그런데 우리가 잘못 쓰게 하려고 모양 낱말들을 엉뚱한 것으로 바꿔 놓았네요. 벼락 맞을 소리
를 하고 있는 것이지요. 올바른 낱말로 바꾸어 찾아옵시다.

겨드랑 할머니

허리가 꼬부라진 늙은이라는 뜻으로,
아주 나이가 많고 늙었음을 이르는 말.

꼬 부 랑

동에 슬쩍 서에 슬쩍

어디서 와서 어디로 가는지 걷잡을 수
없을 만큼 왔다 갔다 함을 이르는 말.

□ 쩍

주둥이가 팥죽하다

성이 나거나 불만이 있어서 토라져 있는
모양을 낮잡아 이르는 말.

□ 죽

지렁이도 밟으면 비틀한다.

아무리 순하고 좋은 사람이라도 너무
얕보고 깔보면 가만 있지 아니한다는 말.

□ 틀

이리 긁적 저리 긁적

이리저리 뒤적거리는 모양을 이르는 말.

□ 적

입 안에서 탱탱 돈다.

하고자 하는 말에 알맞은 표현을
찾지 못하고 있음을 이르는 말.

□ □

북새의 심통

북새가 지금까지 배운 낱말들을 알아볼 수 없도록 숨기거나 엉뚱하게 만들고 있어요. 북새의 심통에 낱말들이 도망가지 않도록 여러분이 지켜 주세요.

하나, 아 수수께끼 으 수수께끼 모양 어휘 알기

북새가 우리 머릿속에서 모양을 나타내는 낱말을 싹싹 지워내다 딱 걸렸습니다. 그냥은 도저히 못 내주겠다며 후다닥 수수께끼를 냅니다. 알아내면 소름이 돋는 수수께끼라고 으 수수께끼랍니다. 말이 안 될 것 같은데 말이 되는 으 수수께끼를 풀어 낱말을 되찾읍시다.

출 수도 없고 그렇다고
안 출 수도 없는 춤은

| 엉 | 거 | 주 | 춤 |

자르지도 끊지도 못하고
오직 부러뜨려야 하는 끈은

| | | 끈 |

한 입만 먹어도
배불러서 숨 가쁜 떡은

| | 레 | | 떡 |

탈춤은 덩실덩실,
엘리베이터는

| 두 | | 실 |

오른팔에 왼팔은 팔짝,
활에 화살은

| | 짝 |

주면 주는 대로
잘도 받아먹는 죽은

| | | | 죽 |

만나기만 하면
다투는 신은

| 옥 | | | 신 |

말이나 행동이 가장
공손하고 부드러운 분은

| | | | 분 |

둘, 모양 낱말 지도 모양 어휘 알기

모양을 가리키는 낱말들이 이어지는 지도입니다. 모양에 대한 생각을 할 수 없도록 북새가 군데군데 지워 놓았습니다. 낱말 이음새를 살펴보고, 빈칸에 알맞은 글자를 써서 지도를 완성해 보세요.

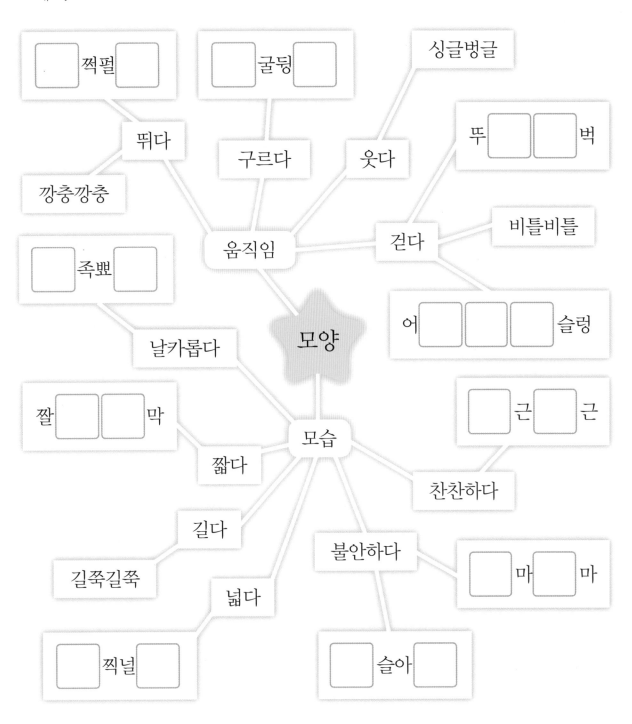

구김새의 꼼수

대장 구김새가 화를 치며 나타났어요. 요괴들에게 맡긴 일이 영 불안한가 봅니다. 구김새가 방해를 해도 낱말들이 제자리를 찾도록 여러분이 도와주세요.

암호 쪽지 다 모여 주소

모양 낱말 인식하기

낱말을 계속 내주는 것이 못마땅한 구김새, 부하들을 불러 모으려고 합니다. 모일 곳을 암호로 적어 촉새에게 전하라고 시켰습니다. 촉새가 암호의 낱말을 풀이말로 중얼거리고 있네요. 암호는 모두 모양을 나타내는 말이랍니다. 우리가 먼저 그곳을 알아내 봅시다.

정신이 얼떨떨해지는 바람에 슬쩍 넘어가는 땅
얼렁뚱땅의

사늘한 바람이 가볍고 부드럽게 자꾸 부는 들
☐☐☐들을 지나

모양과 크기가 엄청나게 큰 부자 시골 마을
으☐☐리가 나오면

그곳의 오솔길을 따라가

몸집이 크고 얼굴이 험상궂게 생긴 이들만 사는 부락
☐☐부락이 나오면

불안하여 어찌할 바를 모르는 이들이 가는 절
☐☐☐절을 찾아서

남에게 본보기가 될 만큼 정성껏 꾸려 놓은 뜰
☐☐☐뜰로

다 모여!!

넷째 주
바다 4

바다와 관계있는 낱말을 가지고
부엉이 요괴들이 심통을
부리고 있습니다.
요괴들에게서 낱말을
되찾아 옵시다.

낌새의 장난

낌새가 바다 낱말들을 알아보지 못하게 장난을 쳐 놓았어요. 낱말들이 본래의 모습으로 돌아갈 수 있도록 여러분이 도와주세요.

하나, 넓고 넓은 바닷가에

바다 낱말 회상하기

낌새가 바다와 관계있는 낱말을 알아보지 못하게 심통을 부립니다. 노랫말에 쓰인 바다 낱말에서 한 낱자를 고쳐 놓았답니다. 북새에게 배웠나 봅니다. 낌새가 장난쳐 놓은 낱말을 바르게 고쳐 쓰세요.

엄마가 솜그늘에
굴 따러 가면

섬

푸른 하늘 은하수
하얀 쪽새에

햇볕은 쨍쨍
노래알은 반짝

초록빛 바닥물에
두 손을 담그면

모기를 잡으러
바다로 갈까나

생각하라 저 응대를
지키는 사람의

바다 속의 먹보
오징어 매우
열 마리를 꿀꺽꿀꺽

한 겨울에 거센
차도 모으는 작은 섬

둘, 고기 이름 고치어　바다 낱말 인식하기

낌새가 물고기 가운데 이름이 '치'나 '어'로 끝나는 것에다 장난을 쳤습니다. 이름에서 '치'자와
'어'자를 모조리 빼 버렸네요. 물고기 이름을 바르게 써 주세요.

오징 어

꽁 □

고등 □

문 □

골라골라,
치냐 어냐.

상 □

갈 □

참 □

넙 □

셋, 알아야해 찾아양 바다 낱말 인식하기

낌새가 바다를 가리키는 낱말로 장난입니다. 끄트머리 글자가 같은 것끼리 모아 놓고 같은 글
자를 쓱쓱 지워 버렸어요. 왜냐고요? 끄트머리 두 글자를 합치면 모든 바다를 두루 이르는 낱
말이 되기 때문입니다. 어떤 낱말일까요?

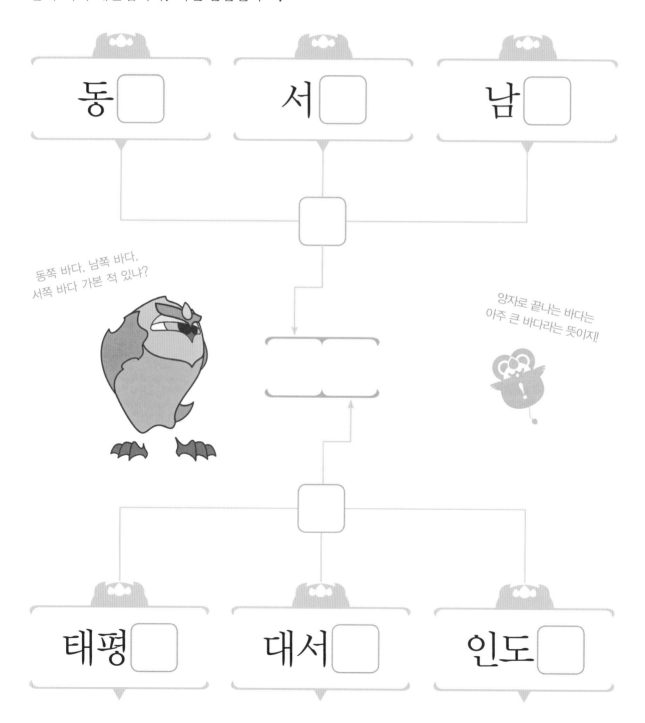

동[ ]   서[ ]   남[ ]

[ ]

동쪽 바다, 남쪽 바다.
서쪽 바다 가본 적 있나?

양자로 끝나는 바다는
아주 큰 바다라는 뜻이지!

[ ]

[ ]

태평[ ]   대서[ ]   인도[ ]

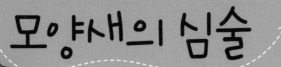

모양새의 심술

모양새가 낱말들이 어울려 새로운 낱말이 되는 걸 방해하고 있어요. 낱말들이 제자리를 찾아 새 낱말이 될 수 있도록 여러분이 도와주세요.

하나, 바다쓰기 받아쓰기   낱말의 형태 알아보기

모양새가 바다와 관계있는 낱말 받아쓰기 시험을 보았답니다. 100점이라고 하는데, 가만히 보면 순 엉터리랍니다. 모양새 받아쓰기 답에는 틀린 낱말이 있습니다. 모두 찾아내 보세요.

OOO초등학교	받아쓰기
이름 모양새 점수	100

바닷가에 (불가살이)들이 널브러져 있었다.

칼치 가운데 토막은 항상 막내 차지였다.

꼴뚝이는 맛 좋고 영양도 풍부하다.

배들이 닷을 내린 채 항구에 머물러 있었다.

해녀들은 주로 전복이나 성개를 땄습니다.

아이들이 개뻘에서 조개를 주워 왔다.

접시에 담긴 낚지들이 꼼틀꼼틀 움직인다.

순엉터리 빵점인데

참! 잘했어요

둘, 시옷 수염 뽑기   사이시옷이 쓰인 낱말 알기

두 낱말이 합쳐질 때 가운데 ㅅ을 넣어야 하는 것이 있답니다. 모양새가 이런 것들로 ㅅ 수염 뽑기 한판을 걸어왔습니다. 두 낱말로 이루어진 것에 콧수염처럼 ㅅ을 붙여 놓았는데 쓸데없이 붙인 ㅅ을 뽑을 수 있냐고 하네요. 쓸데없는 ㅅ에 ⌒표 해서 뽑아 주세요.

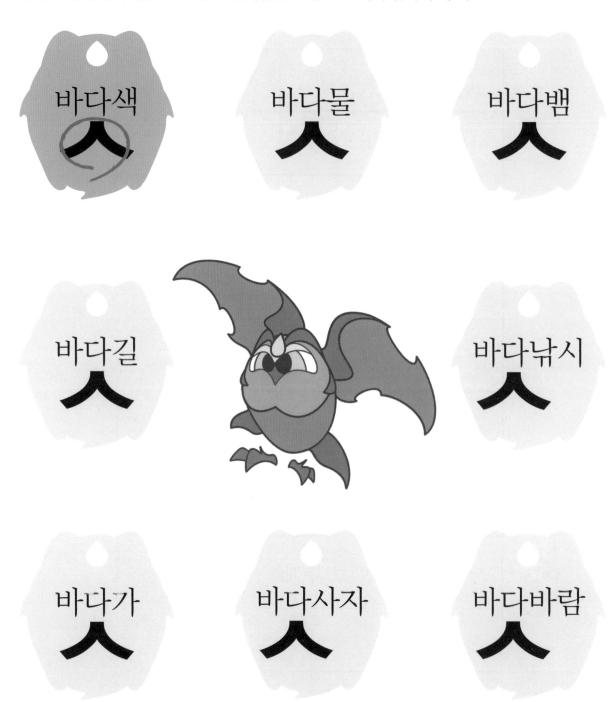

셋, 낱말 조립 공장 낱말의 형태 알아보기

모양새가 두 낱말이 합쳐진 낱말에 심술을 부립니다. 낱말을 풀어헤친 다음 알아보지 못하게
여러 개를 한데 뒤섞어 놓았습니다. 모양새가 섞어 놓은 낱말들을 살펴보고 두 낱말이 합쳐진
낱말 셋을 다시 만들어 보세요.

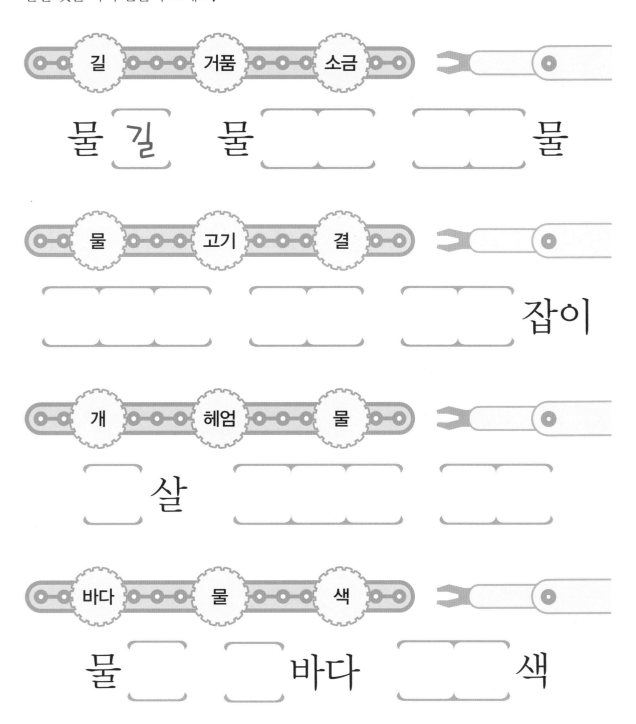

말본새의 훼방

하나, 천만의 말씀   낱말의 중심적 의미 알기

말본새가 바다와 관계있는 낱말로 우리를 시험하고 있습니다. 비슷해 보이는 두 낱말을 내놓고 글에 알맞은 것은 고르라고 합니다. 비슷해 보이지만 하나는 천만의 말씀입니다. 우리가 모를 줄 아나 본데요. 정말 천만의 말씀이랍니다.

바다와 하늘이 맞닿은 (수평선)／지평선 위로 구름이 피어나고 있었다.

해녀들은 바닷속에서 미역／떡 을 따고 있었습니다.

시장 갔다 오실 때 어선／생선 두 마리만 사다 주세요.

나는 돛단배／통통배 들의 시끄러운 소리에 잠에서 깨어났습니다.

파도가 바위에 부딪혀 흰 물거품／게거품 이 일고 있었습니다.

밀물／썰물 이 되자 마을 사람들이 갯벌에 나가 조개를 주웠다.

둘, 바다 말 받아 넘기기 낱말의 주변적 의미 알기

말본새가 바다와 관계있는 낱말로 내기를 걸어왔습니다. 말본새가 말하는 세 낱말이 모두 가리키는 낱말을 알아맞히랍니다. 알아맞히면 내기에 쓰인 낱말들을 다 돌려주겠다네요. 보기에서 알맞은 것을 찾아 써 보세요.

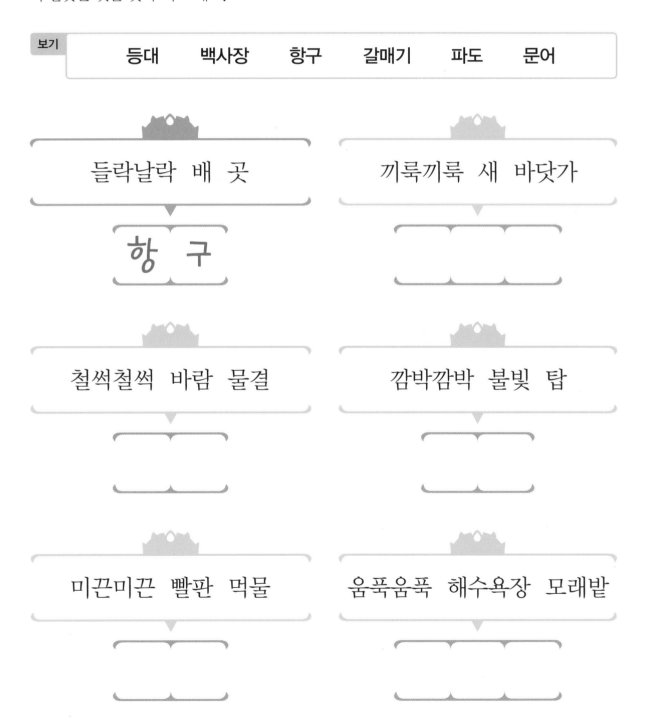

보기: 등대   백사장   항구   갈매기   파도   문어

들락날락 배 곳
→ 항 구

끼룩끼룩 새 바닷가
→

철썩철썩 바람 물결
→

깜박깜박 불빛 탑
→

미끈미끈 빨판 먹물
→

움푹움푹 해수욕장 모래밭
→

셋. 바다 낱말 삼 형제 낱말의 하의 관계 알기

말본새가 바다와 관계있는 세 낱말을 마구 섞어 놓았습니다. 세 낱말은 모두 형제처럼 뜻이 비슷합니다. 바다 낱말을 익히지 못하게 훼방 놓으려는 거지요. 훼방을 물리치고 삼 형제 낱말을 되찾아 옵시다.

물어고기류고기 고 기 ─ 물 고기 ─ 어 류

항나루구포구 ☐☐ ─ ☐루 ─ 포구

풍물파결도랑 ☐☐ ─ 물결 ─ ☐☐

길수로뱃길물 ☐☐ ─ ☐☐ ─ 수로

바변가해닷안해 해☐ ─ ☐☐☐ ─ 해☐

말본새의 심술

말본새가 낱말들의 쓰임새를 알지 못하게 심술을 부리고 있어요. 낱말들이 쓰임새에 따라 제 역할을 할 수 있도록 도와주세요.

하나, 낱말 그물 — 낱말의 중심적 의미 알기

말본새가 바다와 관계있는 낱말들을 한 묶음씩 흩뿌려 놓았습니다. 가져갈 테면 가져가 보라고 합니다. 되찾으려면 한데 묶인 낱말들을 두루 이르는 낱말을 써넣어야 합니다. 알맞은 낱말을 찾아 써 주세요.

고기를 잡으러 바다로 갈까요?

어선
나룻배
통통배
고래잡이배

배

떨치
갈치
꽁치
고등어

김
조개
낙지
새우

접영
배영
개헤엄
개구리헤엄

동해
다도해
오대양
태평양

해물찌개나 해먹을까.

둘, 낱말짝 대꾸 한판　낱말 간의 의미 관계 알기

말본새가 낱말 짝 대꾸 한판을 걸어왔습니다. 촉새가 중얼대는 낱말에서 말본새가 두 낱말을
고르면, 그와 같은 사이가 되는 두 낱말을 골라내는 것이랍니다. 말본새가 고른 두 낱말의 관
계를 생각해 보고, 같은 관계가 되는 낱말을 찾아보세요.

보기

바닷가　동해　고깃배　항구
갯마을　해초　서해　어부　가재

비행기 : 공항　———　배 : 항 구

산 : 산동네　———　□ 닷 □ : □ 마을

오징어 : 문어　———　□ □ : 게

등대 : 등대지기　———　□ 깃 □ : □ □

뭍 : 잡초　———　바다 : □ □

동양 : 서양　———　동 □ : □ 해

어쭈,
제법인데.

뭘,
이 정도 가지고.

셋, 겉 다르고 속 다른 말 낱말의 관용적 의미 알기

말본새가 바다와 관계있는 말이 쓰인 속담이나 습관적으로 쓰는 말을 중얼거리고 있습니다.
우리가 절대로 모를 것이라고 믿는 모양인데요. 빈칸에 알맞은 것을 골라 되찾읍시다.

□□는 게 편

형편이 서로 비슷하고 관계가 있는 것끼리
잘 어울리고 감싸 주기 쉽다는 말.

☑ 가재　　☐ 조개

□□가 물을 얻은 격이다

물고기가 물을 얻어 살아나듯,
어떤 일이 잘될 기회를 맞았다는 말.

☐ 조기　　☐ 고기

□□에 걸린 고기

꼼짝없이 막다른 처지에 몰린
꼴이 된 것을 빗대어 이르는 말.

☐ 태풍　　☐ 그물

□□를 던지다

남을 꾀어내기 위한
수단을 쓴다는 말.

☐ 낚시　　☐ 모래

□□ 망신은 꼴뚜기가 시킨다

지지리 못난 사람일수록 같이
있는 친구나 동료를 망신시킨다는 말.

☐ 생선　　☐ 어부

□□ 싸움에 새우등 터진다

힘센 것들이 싸우는 틈바구니에서 아무
상관도 없는 약자가 피해를 본다는 말.

☐ 상어　　☐ 고래

북새의 심통

북새가 지금까지 배운 낱말들을 알아볼 수 없도록 숨기거나 엉뚱하게 만들고 있어요. 북새의 심통에 낱말들이 도망가지 않도록 여러분이 지켜 주세요.

하나, 어떤 바다 사진   바다 어휘 알기

북새가 어떤 바다를 가리키는 낱말을 훔쳐 달아났습니다. 어떤 낱말인지 짐작할 수 있는 것은 북새가 흘리고 간 낱말 사진과, 이 바다는 언제나 우리 가까이에 있다는 사실뿐입니다. 어떤 바다인지 짐작하여 써 보세요.

웃 음 바 다

☐ ☐ 바 다

☐ ☐ 바 다

☐ 바 다

☐ 바 다

☐ 바 다

둘, 낱말의 벽 바다 어휘 알기

북새의 비밀방을 찾았습니다. 몰래 훔쳐간 바다 낱말들을 벽에다 붙여 놓았네요. 혹시나 들킬까 봐 낱말풀이만 써놓고 낱말은 쓱쓱 지워 놓았습니다. 자기만 알아볼 수 있게 풀이한 것 같아요. 과연 무슨 낱말이었는지 짐작해 써 봅시다.

셋, 바다 낱말 지도 바다 어휘 알기

바다와 관련된 낱말들이 이어지는 지도입니다. 바다에 대한 생각을 할 수 없도록 북새가 군데 군데 지워 놓았습니다. 낱말 이음새를 살펴보고, 빈칸에 알맞은 글자를 써서 지도를 완성해 보세요.

다섯째 주
땅 5

땅의 어떤 부분을 가리키는
낱말을 가지고 부엉이 요괴들이
심통을 부리고 있습니다.
요괴들에게서 낱말을
되찾아 옵시다.

낌새의 장난

하나, 땅공과 흙구슬 땅 낱말 회상하기

낌새가 땅의 모습과 관계있는 낱말을 '땅공'이라고 부르네요. 촉새는 '흙구슬'
이라고 하고요. 도대체 낌새가 중얼거리는 낱말은 무엇일까요? 아래에서 땅
과 관계있는 낱말을 모두 지워보세요. 나머지 두 글자가 바로 그것이랍니다.

이건 흙구슬이 아니고
땅공이야.

이게 어떻게 땅공이야,
흙구슬이지.

바다 해안 섬

산 초원 고원 사막

황무지 숲 뭍 육지 대륙

화산 산맥 대간 벌판 들

지 평야 터 논 밭 고개

언덕 비탈 구 낭떠러지

계곡 강 시내 늪

둘, 불룩 삐뚤 평평 푹 땅 낱말 인식하기

낌새가 땅을 생김새에 따라 불룩하고 가파르고 평평하고 푹 들어간 곳으로 갈라놓았습니다.
우리가 알아차릴까 봐 낱말의 글자를 슬쩍 바꿔 엉뚱한 낱말로 만들어 놓았네요. 어떤 낱말인
지 알아내 다시 써 보세요.

| 둥우리 | 동상 | 변덕 |
| 봉 우리 | 동 ☐ | ☐ 덕 |

| 결벽 | 벼락 | 배탈 |
| ☐ 벽 | 벼 ☐ | ☐ 탈 |

| 글 | 대야 | 발판 |
| ☐ | ☐ 야 | ☐ 판 |

| 구렁이 | 노랑 | 펄렁 |
| 구 ☐ 이 | ☐ 랑 | ☐ 렁 |

셋, 땅윗물 물놀이 땅 낱말 인식하기

낌새가 땅윗물을 가리키는 낱말로 짓궂은 놀이를 벌이고 있습니다. 모두 땅 위를 흐르거나 고여 있는 물을 이르는 낱말이었습니다. 낱자 하나를 바꿔 전혀 다른 낱말로 만들어 놓았네요. 원래 낱말로 되돌려 써 봅시다.

감
강

사내
□내

거울
□울

이것 치고 가재 잡는대!

노랑
□랑

호두
호□

늘
ㄴ

여기서 연꽃을 기른대!

뱀
ㅅ

엉덩이
□덩이

목
ㅁ

내가 어디서 헤엄치게?

내가 어디에 빠졌게?

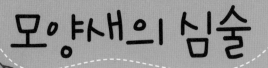

모양새의 심술

하나, 얼렁뚱땅으로 낱말의 형태 알아보기

땅의 어디를 가리키는 낱말이나 땅과 관계있는 낱말들입니다. 그럴듯해 보여도 모양새가 일부러 한 구석을 잘못 쓴 것이랍니다. 우리를 속이려는 얼렁뚱땅 낱말이라네요. 얼렁뚱땅 낱말을 바르게 고쳐 써 주세요.

둘, 갈기갈기 갈가리 둘 이상의 낱말이 결합된 낱말(복합어) 알아보기

두 낱말로 이루어진 낱말을 알아볼까 봐 모양새가 낱말을 갈가리 갈라놓았습니다. 모양새가
중얼대는 세 낱말에 모두 쓰일 수 있는 것을 찾아 빈칸에 써넣으면 되찾을 수 있답니다.

| 터 | 실 | 길 | | 밭 | 산 |

개천
개울 실
도랑

마루
허리 □
비탈

목
거리 □
모퉁이

샘
쉼 □
성

솔
논 □
쑥대

셋, 마땅한 흉내말 느낌이나 상태를 흉내 낸 말 알기

모양새가 땅의 어디를 가리키는 낱말을 그냥은 내주지 않겠답니다. 땅 낱말에 어울리는 흉내말에 어울리는 말을 대라네요. 보기에서 가장 잘 어울리는 것을 찾아내 낱말을 돌려받읍시다.

보기	진흙탕 모래밭 벼랑 길 산봉우리 마당 구덩이 언덕

질척질척

진 흙 탕

퍼석퍼석

들쭉날쭉

아찔아찔

봉긋봉긋

움푹움푹

굽이굽이

널찍널찍

셋째 날 **말본새의 훼방**

말본새가 낱말들이 갖고 있는 뜻을 알지 못하게
훼방을 놓고 있어요. 낱말들이 제 역할을
할 수 있도록 도와주세요.

하나, 화풀이 뜻풀이 낱말의 중심적 의미 알기

말본새가 쉬운 말로 땅 낱말의 뜻을 풀어 주는데 그게 더 헷갈리네요.
우리가 척 보고 알아냅시다. 됩니다. 보기에서 골라 빈칸에 써 주세요.

보기
| 지하 | 대륙 | 고원 | 밀림 | 온천 | 평야 | 지상 | 남극 | 백사장 |

큰 땅덩이

▼

대 륙

빽빽 숲

▼

땅 아래

▼

따뜻한 샘물

▼

남쪽 끝 땅

▼

땅 위

▼

높직 널찍 들

▼

흰 모래 벌판

▼

평평 너른 들

▼

82 초등 어휘 바탕 다지기

둘, 같거나 크거나 낱말의 중심적 의미 알기

말본새가 어떤 낱말셈식을 써 가지고 나타났습니다. 땅 낱말을 걸고 내기를 하잡니다. 낱말셈식을 완성할 수 있다면 낱말셈식에 쓰인 낱말까지 다 내놓겠답니다. 가만 보니 점점 커지는 순서로 늘어놓은 것 같습니다. 빈칸에 알맞은 낱말을 보기에서 골라 써 보세요.

셋, 비유하는 말 낱말의 비유적 의미 알기

땅 낱말 가운데 어떤 말 대신 쓰거나 그 말을 빗대어 설명할 때 쓰이는 것이 있습니다. 말본새가 이런 낱말을 못 쓰게 훼방을 놓고 있습니다. 본래 말을 빗대어 설명할 수 있는 땅 낱말을 보기에서 찾아 써 보세요.

보기				
밭	발원지	구렁텅이	언덕	고개

노래 중간의 그 중요한 고비만
잘 넘어가면 된다.

고 개

왕은 백성을 바탕이나 터전으로
삼아 농사를 지어야 한다.

아프리카는 인류의 물줄기가
처음 시작한 곳이라고 한다.

왜 죄 없는 사람을 헤어나기
어려운 처지에 빠뜨렸습니까?

우리를 보살펴주고
이끌어 줄 만한 무엇이 없구나.

말본새의 심술

하나, 소리만 같아   낱말의 동음이의 관계 알기

말본새가 촉새랑 말을 주고받네요. 둘이 번갈아 주고받는 말에는 같은 낱말이 있는데, 그 중 하나는 소리만 같지 뜻이 전혀 다르답니다. 나머지 둘과 소리만 같고 뜻이 다른 낱말을 골라내 보세요.

샘에서 물이 철철 넘쳐 흐른다.
이 샘은 물맛이 좋기로 유명하지.
주인은 갑자기 샘이 나서 토라졌다.

엄마는 섬그늘에 굴 따러 갔다.
굴로 숨어들어가더니 나오지 않네.
밭 여기저기 두더지가 굴을 파놓았다.

산모퉁이를 돌자 너른 벌이 펼쳐졌다.
잡초뿐이었던 벌은 논밭으로 바뀌었다.
선생님이 심한 벌을 주신 것 같습니다.

이제 저 가파른 고개만 넘어가면 된다.
누나는 고개 꼭대기에서 손을 흔들었다.
그때 누가 부르는 것 같아 고개를 돌렸다.

개나리, 진달래, 철쭉 들은 봄꽃이지.
게으름 피지 말고 어서 들에 나가 일해!
들에는 이름모를 꽃이 가득 피어 있었어.

땅 **85**

둘, 생뚱 낱말 고리 낱말 간의 의미 관계 알기

말본새가 땅과 관계있는 낱말을 빼앗기지 않으려고 다섯 개씩 엮어 놓았습니다. 절대로 풀어 내지 못할 거라네요. 흥! 나머지 넷과 거리가 먼 낱말을 찾아 ◯표 해서 낱말 고리를 풀어 봅시다.

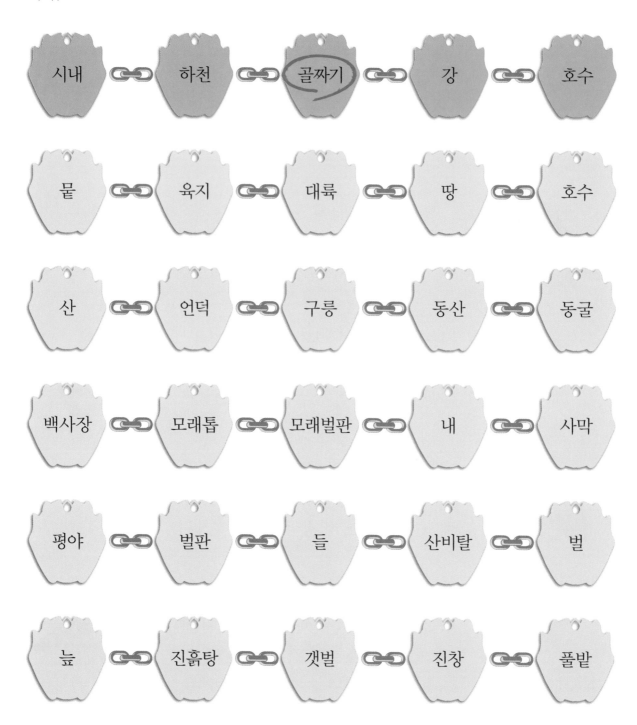

셋. 뒤죽박죽 엉망진창 낱말의 관용적 의미 알기

땅이나 땅과 관계있는 낱말이 쓰인 속담이나 습관적으로 쓰는 아주 별나고 재미난 말이 있습니다. 말본새는 우리가 이런 말을 익히고 쓰는 것을 내버려 두지 않습니다. 말의 순서를 마구잡이로 뒤섞어 놓았습니다. 바르게 써서 되찾읍시다.

치기짚고땅헤엄   무슨 일이 매우 하기 쉬울 때 하는 말

땅 짚고 헤엄치기

구경강건너불   아무 관계없는 일이라고 그냥 지켜볼 때 하는 말

강 [ ] [ ] [ ] [ ] 경

논에제대기물   자기에게만 이롭도록 일을 할 때 하는 말

제 [ ] [ ] [ ] [ ] 기

치고잡기도랑가재   한 가지 일로 두 가지 이익을 볼 때 하는 말

도 [ ] [ ] [ ] [ ] [ ] [ ] 기

잡기산에서물고기   어리석게 안 되는 일을 애써 할 때 하는 말

산 [ ] [ ] [ ] [ ] [ ] [ ] 기

오른고기뭍에   제 능력을 펼 수 없는 처지에 몰렸을 때 하는 말

뭍 [ ] [ ] [ ] 기

북새의 심통

하나, 물구나무 낱말 숲 땅 어휘 알기

낌새가 땅과 관계있는 한 글자 낱말에 장난을 쳐놓았습니다. 낱자를 빼거나 고친 적은 없고 그저 물구나무 숲에 들여놓았을 뿐이라고 합니다. 낱말의 제 모습을 알아내 바로잡아 보세요.

물구나무 숲은
책도 뒤집어 봐야 하는 곳이야.

둘, 낱말뜻셈 땅 어휘 알기

몰래 훔쳐간 낱말들로 신기한 셈을 하고 있는 북새를 발견했습니다. 낱말의 뜻을 좀 더 잘 알게 되는 '낱말뜻셈'이랍니다. 우리가 보고 배울까 봐 후다닥 지우는데 다 지우진 못했네요. 낱말뜻셈을 완성해 보세요.

골짝 + ☐내 = 계곡

모래 + 벌판 = ☐막

연꽃 + ☐ = 연못

☐ − 나무 = 벌거숭이산

바닷가 − 바닷물 = ☐벌

들 − 논밭 = 황☐지

북새 바아보!
촉새가 안 썼다.

셋, 땅 낱말 지도 땅 어휘 알기

땅을 가리키는 낱말들이 이어지는 지도입니다. 땅에 대한 생각을 할 수 없도록 북새가 군데군데 지워 놓았습니다. 낱말 이음새를 살펴보고, 빈칸에 알맞은 글자를 써서 지도를 완성해 보세요.

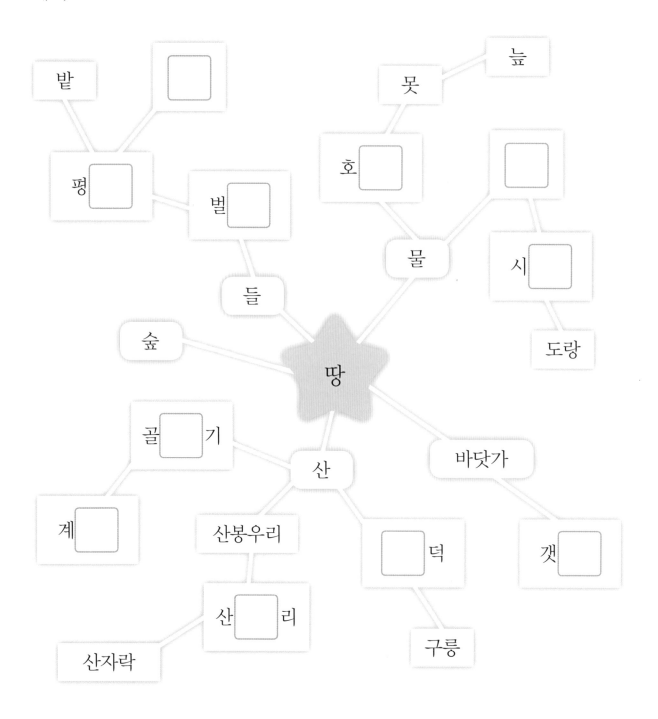

여섯째 주
문화 6

문화와 관계있는 낱말을 가지고
부엉이 요괴들이 심통을
부리고 있습니다.
요괴들에게서 낱말을
되찾아 옵시다.

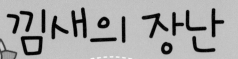
낌새의 장난

낌새가 맛 낱말들을 알아보지 못하게 장난을 쳐 놓았어요.
낱말들이 본래의 모습으로 돌아갈 수 있도록
여러분이 도와주세요.

하나, 낱말 인형 뽑기 　문화 낱말 회상하기

낌새가 어떤 낱말들을 인형 뽑기 기계에 넣고는 모두 다 뽑아 보라네요.
어떻게 뽑냐고요? 낱말 가운데 나머지 낱말들을 모두 아우르는 낱말이 딱
하나 있답니다. 그 낱말을 찾아 집어 올리면 된답니다.

둘, 부러 낱말 절로 낱말 문화 낱말 회상하기

낌새가 세상 모든 낱말은 절로 낱말과 부러 낱말로 나눌 수 있다고 합니다. 절로 낱말은 저절로 있던 것, 부러 낱말은 사람이 잘 살기 위해 일부러 빚어낸 것이라네요. 이 둘을 가려낼 수 있다면 잘 살 수 있다고 합니다. 부러 낱말 13개를 골라내 잘 살아 볼까요?

음악 ☑ 산 ☐ 자동차 ☐ 직업 ☐ 옷 ☐

만화 ☐ 절로 절로 저절로 된 것 운동 ☐ 부러 부러 일부러 빚은 것 공기 ☐

밥 ☐ 농사 ☐ 바다 ☐ 책 ☐

국회 ☐ 우주선 ☐ 물 ☐

새 ☐ 땅 ☐ 집 ☐ 하늘 ☐ 게임 ☐

셋, 문화 성형 수술 문화 낱말 인식하기

낌새가 문화를 가리키는 낱말을 한 낱자씩 바꾸어 다른 낱말로 만들어 놓았네요. 본래 모습으로 되돌려 놓아야지요! 낌새의 속마음을 살펴보면 어떤 낱말인지 알 수 있답니다.

덩치 ▶ 정 치

전어 ▶ ☐ ☐

동서 ▶ ☐ ☐

주책 ▶ ☐ ☐

신물 ▶ ☐ ☐

제육 ▶ ☐ ☐

모양새의 심술

모양새가 낱말들이 어울려 새로운 낱말이 되는 걸 방해하고 있어요. 낱말들이 제자리를 찾아 새 낱말이 될 수 있도록 여러분이 도와주세요.

하나, 낱말 꼬리 바꾸기   낱말의 형태 알기

모양새가 문화를 가리키는 낱말이 어떻게 쓰이는지 보여 준다고 글짓기를 했네요. 그런데 심술쟁이 모양새가 그냥 보여 줄 리가 없지요. 글 가운데 한 낱말을 소리 나는 대로 써놓고 시침을 뚝 떼고 있습니다. 찾아서 고쳐 써 주세요.

어른에게 반말하는 것은
예이없는 짓이다.

| 예 | 의 |

선생님이 주신
잡찌를 돌려보았습니다.

사람이 사는 데 필요한 옷과
음식과 집을 의식쭈라 한다.

나는 커서 여녜 방면으로
나가고 싶어요.

학생도 선생님도 대통령도
국민 모두는 범뉼을 지켜야 한다.

어젯밤 늦게까지
인터넫 게임을 했다.

둘, 별난 낱말 조사 낱말의 형태 알기

모양새가 구김새에게 전하려는 별난 낱말 조사 보고서를 얻었습니다. 모양새가 조사한 낱말은 바로 읽어도, 거꾸로 읽어도 낱말이 된답니다. 모양새가 낱말의 한 글자씩 지워 놓았네요. 어떤 낱말인지 알아냅시다.

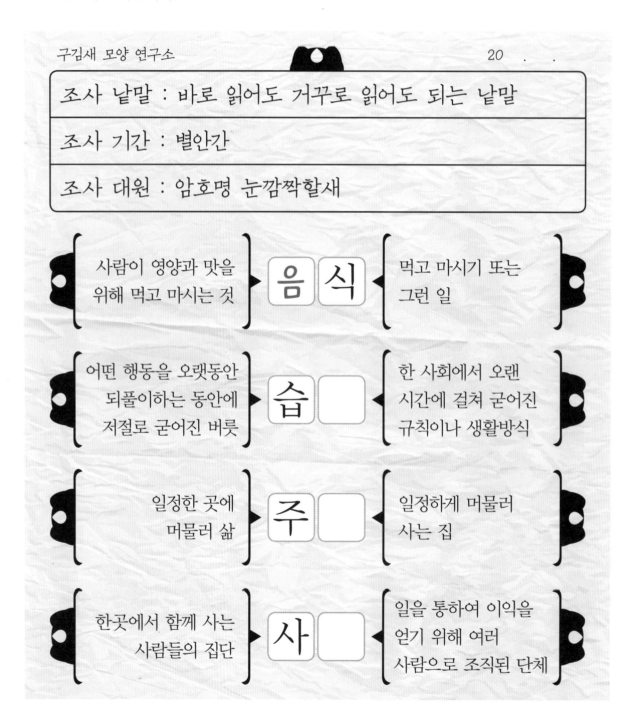

구김새 모양 연구소   20 .   .

조사 낱말 : 바로 읽어도 거꾸로 읽어도 되는 낱말

조사 기간 : 별안간

조사 대원 : 암호명 눈깜짝할새

사람이 영양과 맛을 위해 먹고 마시는 것 ▶ 음 식 ◀ 먹고 마시기 또는 그런 일

어떤 행동을 오랫동안 되풀이하는 동안에 저절로 굳어진 버릇 ▶ 습 ☐ ◀ 한 사회에서 오랜 시간에 걸쳐 굳어진 규칙이나 생활방식

일정한 곳에 머물러 삶 ▶ 주 ☐ ◀ 일정하게 머물러 사는 집

한곳에서 함께 사는 사람들의 집단 ▶ 사 ☐ ◀ 일을 통하여 이익을 얻기 위해 여러 사람으로 조직된 단체

셋, 모양새 끝말잇기 낱말의 형태(두음법칙) 알기

모양새가 끝말잇기 내기를 걸어 왔습니다. 모양새가 늘어놓은 끝말잇기에서 빈칸에 알맞은 글자를 써넣으라네요. 조심하세요. 모양새의 엉큼한 꼼수가 숨어 있답니다.

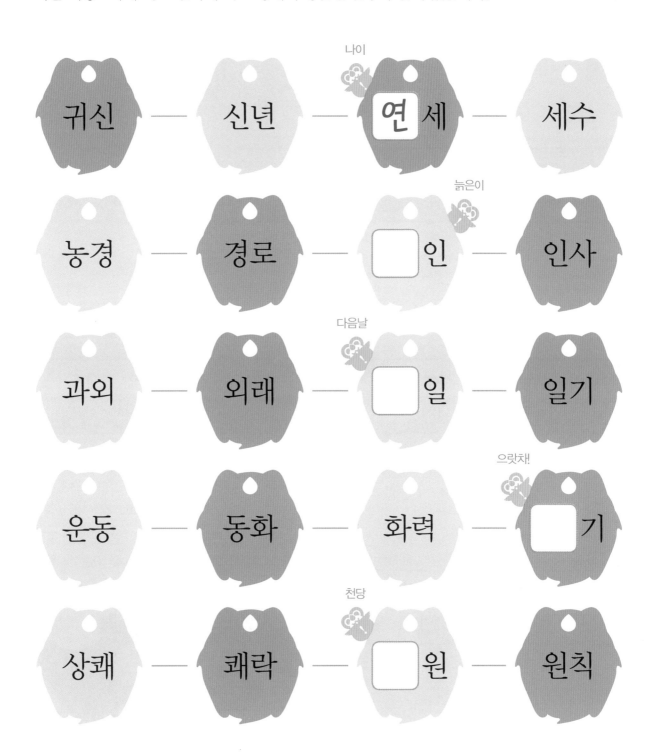

나이
귀신 — 신년 — **연**세 — 세수

늙은이
농경 — 경로 — ☐인 — 인사

다음날
과외 — 외래 — ☐일 — 일기

으랏차!
운동 — 동화 — 화력 — ☐기

천당
상쾌 — 쾌락 — ☐원 — 원칙

말본새의 훼방

말본새가 낱말들이 갖고 있는 뜻을 알지 못하게 훼방을 놓고 있어요. 낱말들이 제 역할을 할 수 있도록 도와주세요.

하나, 바꾸면 쉬운 말   낱말의 유의 관계 알기

말본새가 어려운 문화 낱말을 막 써대며 잘난 척하고 있습니다. 말본새 가 쓴 말을 쉬운 말로 바꿔 쓰면 낱말들을 다 내놓겠답니다. 촉새의 보 기에서 낱말을 찾아 말본새의 코를 납작하게 해 줍시다.

보기 생각   놀이   일   살림   춤

네가 좋아하는 것을
네 직업으로 삼으렴.

일

수수께끼는 언어 유희
가운데 하나입니다.

이 그림은 우리의 사상과
느낌을 담고 있다.

요즘은 정말 나라의 경제가
많이 안 좋다지요?

저는 주위의 권유로
무용을 배우기 시작했어요.

둘, 말본새 구거 시엄 낱말의 중심적 의미 알기

말본새가 선생님 흉내를 내며 국어 문제를 내놓았습니다. '구거 시엄'이라고 합니다. 아주 어렵게 낸 문제라서 하나도 못 풀 거라고 합니다. 낱말 뜻을 곰곰이 생각해 보면 금방 알 수 있을 것 같은데요?

구거 시엄 20 . .

> 온돌: 불의 기운이 방 밑을 통과하여 방을 덥히는 장치.
>
> 전통: 공동체에서 과거로부터 이어 내려오는 바람직한 생각이나 관습, 행동 따위가 계통을 이루어 현재까지 전해진 것.
>
> 관습: 어떤 사회에서 오랫동안 지켜 내려와 굳어진 질서나 풍습.
>
> 연기: 배우가 영화나 드라마의 인물, 성격, 행동 따위를 표현해 내는 일.
>
> 민속: 민간에서 오래전부터 전해져 내려오는 풍속이나 문화.

온돌은 우리의 정통일까, 전통일까? [정통, 전통]

명절에 차례를 지내는 것은 나의 습관일까, 우리의 관습일까?

[습관, 관습]

배우의 연기는 연애일까, 연예일까? [연애, 연예]

강강술래는 민속일까, 민족일까? [민속, 민족]

셋, 묶어내 가방 낱말의 하의 관계 알기

말본새가 낱말을 묶어 넣은 가방들입니다. 가방의 낱말을 묶어낼 수 있는 낱말을 촉새에게 알려 주었답니다. 촉새에게 알려 준 낱말을 꼬리표에 쓰면 우리가 되찾을 수 있답니다. 촉새가 종알 대고 있는 낱말 가운데 알맞은 것을 골라 써 주세요.

보기: 종교 학문 통신 예술 교통 경제

말본새의 심술

말본새가 낱말들의 쓰임새를 알지 못하게
심술을 부리고 있어요. 낱말들이 쓰임새에 따라
제 역할을 할 수 있도록 도와주세요.

하나, 같은 꼴 다른 뜻 <small>낱말의 동음이의 관계 알기</small>

문화 낱말 가운데는 어떤 낱말과 꼴은 같고 뜻이 다른 것들이 있답니다. 말본새가 뜻풀이 두 개를 늘어놓고 어떤 낱말인지 알아내 보라네요. 어떤 낱말인지 냉큼 알아내 되찾읍시다.

한 사회에 오래전부터
지켜 내려오는 관습

바람의 속도

풍 속

나라나 민족이 과거에 겪은
일을 적은 기록

뛰어나게 힘이 센 사람

ㅇ ㅅ

온갖 상품을 파는 사람과 가게와
사는 사람이 몰려 있는 곳

배가 고픈 것

ㅅ ㅈ

한 곳에서 함께 사는 사람들의 집단

회의나 의식의 진행을 맡는 일

ㅅ ㅎ

음악에 맞추어 여러 몸짓으로
아름다움과 뜻을 전하는 예술

무예와 용맹. 또는 싸움 따위에서
날쌔고 용맹스러움

ㅁ ㅇ

사회 조직을 유지하고 일을
진행시키기 위하여 정한 절차 방법 따위

기계나 건축물 따위의
밑그림을 그려 만드는 것

ㅈ ㄷ

둘, 친구야 도와줘 낱말의 유의 관계 알기

우리가 문화 낱말을 익히는 걸 훼방 놓는 말본새, 낱말들의 한 낱자를 바꿔 버렸네요. 본래 모습을 잃고 엉뚱한 낱말이 된 낱말이 본래 자기와 뜻이 비슷한 친구 낱말들을 애타게 부르고 있습니다. 친구 낱말을 보고 제 모습을 찾아 주세요.

방송아!

심문

신 문

인쇄야!

철판

미용아!

회장

무예야!

수술

운동아!

제육

셋, 눈치코치 옳지   낱말의 관용적 의미 알기

말본새가 속담이나 습관적으로 쓰는 말을 익히지 못하게 훼방을 놓고 있습니다. 두 가지 말에서 같은 낱말 하나를 쑥 빼 버렸네요. 보기를 보고 눈치코치로 알아맞혀 버립시다.

보기   **말   신   밥   집**

죽도 □도 안 된다

어중간해 이도 저도 안 된다.

찬□ 더운□ 가리냐

사정도 모르고 행동하냐.

불난 □에 부채질한다

남의 재앙을 더욱 키운다.

□에서 새는 바가지는 들에 가도 샌다

좋지 않은 성질은 반드시 드러난다.

□ 한마디에 천 냥 빚도 갚는다

말만 잘하면 어려운 일도 해결한다.

발 없는 □이 천 리 간다

말을 조심해서 해야 한다.

□ 신고 발바닥 긁기

요긴한 데를 직접 해결하지 못하여 시원하지 않다.

짚□도 제짝이 있다

보잘것없어 보이는 사람도 제짝이 있다.

북새의 심통

북새가 지금까지 배운 낱말들을 알아볼 수 없도록 숨기거나
엉뚱하게 만들고 있어요. 북새의 심통에 낱말들이
도망가지 않도록 여러분이 지켜 주세요.

하나, 벅수 소리맞추랩 　문화 어휘 알기

북새가 낱말을 훔쳐 장승인 '벅수'에게 맡겨 버렸네요. 낱말을 붙들고 꼼짝도
하지 않는 벅수를 덩실덩실 춤추게 하면 낱말을 돌려준답니다. 어떻게 하냐
고요? 벅수가 붙잡고 있는 낱말들로 벅수 소리맞추랩을 완성하면 된답니다.

듣기 싫어
으악,
듣기 좋아
음 악

책 좀 봐
담임,
놀아 봐
□ 임

정교해
기술,
멋지네
□ 술

못하면
심술,
잘하면
□ 술

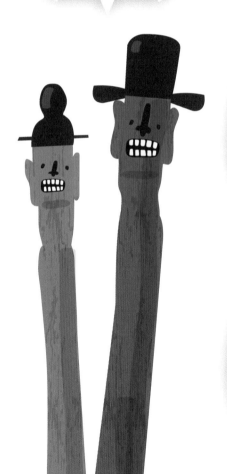

양지바른
언덕,
예의 바른
□ 덕

돈 쌓으면
저축,
돌 쌓으면
□ 축

집안일은
골치,
나랏일은
□ 치

둘, 열려라 참깨 닫혀라 북새 문화 어휘 알기

훔쳐간 낱말들이 있는 북새의 창고들입니다. 창고 문을 닫는 주문은 '닫혀라 북새'인데, 여는 주문은 '□□라, 참깨'랍니다. '□□라'는 창고 안의 두 낱말과 모두 어울려 쓸 수 있는 낱말이나 같은 점을 나타내는 것이랍니다. 주문을 외쳐 문을 열어 봅시다.

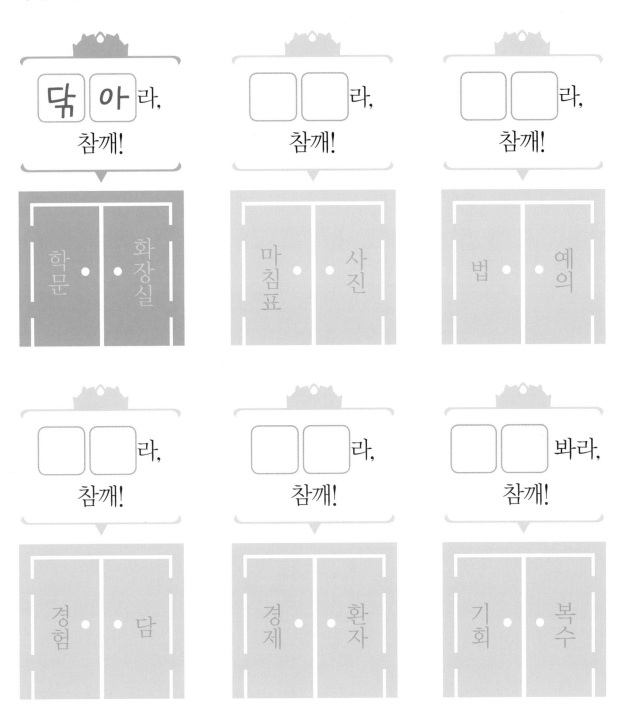

셋. 문화 낱말 지도 문화 어휘 알기

문화를 가리키는 낱말들이 이어지는 지도입니다. 문화에 대한 생각을 할 수 없도록 북새가 군데군데 지워 놓았습니다. 낱말 이음새를 살펴보고, 빈칸에 알맞은 글자를 써서 지도를 완성해 보세요.

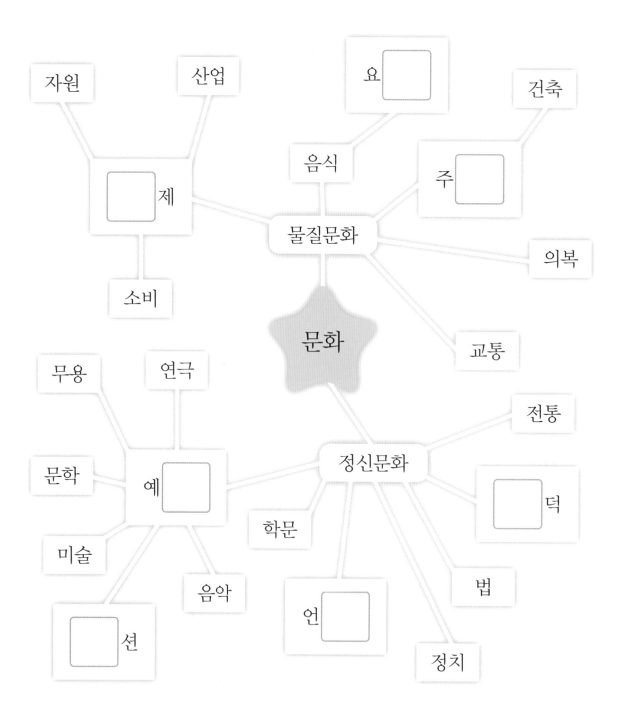

일곱째 주

우주 7

우주와 관계있는 낱말을 가지고
부엉이 요괴들이 심통을
부리고 있습니다.
요괴들에게서 낱말을
되찾아 옵시다.

낌새의 장난

낌새가 우주 낱말들을 알아보지 못하게 장난을 쳐 놓았어요.
낱말들이 본래의 모습으로 돌아갈 수 있도록
여러분이 도와주세요.

하나, 외계어 장난   우주 낱말 회상하기

낌새가 우주와 관계있는 낱말로 또 장난을 치고 있습니다. 우주 낱말을 외계어로 알려 주겠다네요. 그런데 정말 외계어일까요? 그럴 리가 없겠지요? 우주 낱말을 바르게 써 주세요.

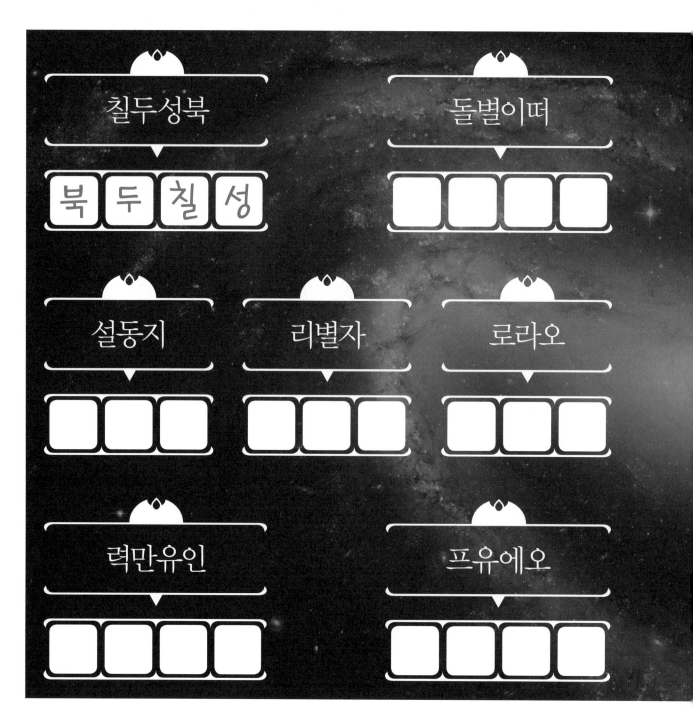

칠두성북

| 북 | 두 | 칠 | 성 |

돌별이떠

| | | | |

설동지

| | | |

리별자

| | | |

로라오

| | | |

력만유인

| | | | |

프유에오

| | | | |

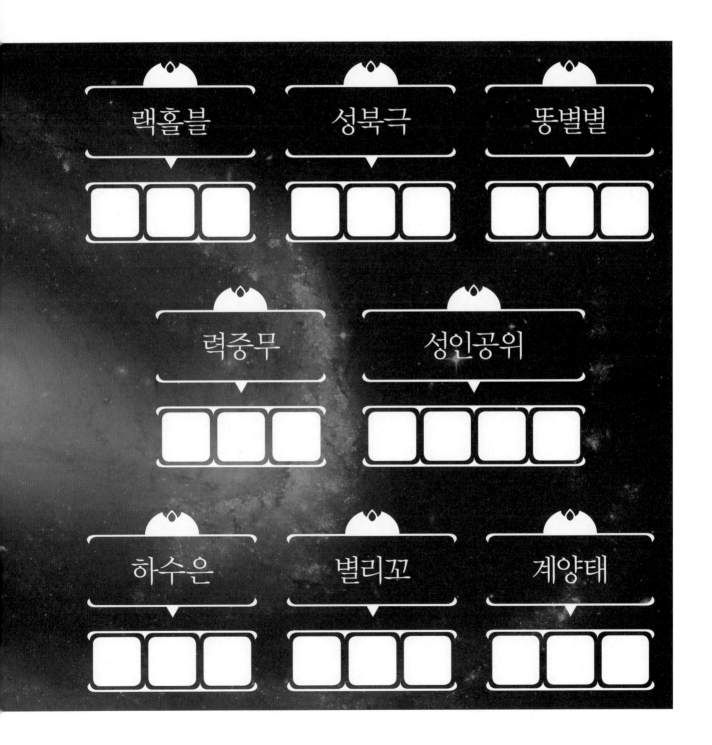

랙홀블

성북극

똥별별

력중무

성인공위

하수은

별리꼬

계양태

둘, 찾을 성싶어 우주 낱말 인식하기

하늘의 별들은 이름이 대개 무슨 '성'이라고 한답니다. 낌새가 어쩐 일로 성자로 끝나는 별들을 말해 주고 있습니다. 그러나 조심하세요. 낌새가 별이 아닌 것을 슬쩍 끼워 넣었답니다. 어떤 것인지 ✔표 해 봅시다.

모양새의 심술

모양새가 낱말들이 어울려 새로운 낱말이 되는 걸 방해하고 있어요. 낱말들이 제자리를 찾아 새 낱말이 될 수 있도록 여러분이 도와주세요.

하나, 스리슬쩍 사리살짝 낱말의 형태 알아보기

우리가 우주 낱말을 익히는 것을 참을 수 없는 모양새가 또 심술입니다. 어떤 말에 쓰인 우주 낱말을 스리슬쩍 바꿔 버렸습니다. 모양새가 스리슬쩍 바꾼 낱말을 찾아 사리살짝 바로잡아 주세요.

동물이 생활하는 데에
애너지가 필요하다.

에 너 지

우리 기술로 만든
로케트를 발사했다.

언니의 눈썹은 꼭
초생달 같아요.

그는 음악계에 해성같이
등장했습니다.

숙제는 별짜리에 얽힌
신화 알아 오기다.

태양계에는 8개의
떠도리별이 있어요.

둘, 낱말셈 해보셈 둘 이상의 낱말로 이루어진 낱말(복합어) 알기

모양새가 여러 낱말이 어울려 하나가 된 낱말들로 또 심술입니다. 우주와 관계있는 낱말 가운데 그런 낱말들로 낱말 나눗셈 문제를 내놓았습니다. 절대로 풀어낼 수 없을 거라 생각하나 봅니다. 허투루 봐서는 안 됩니다. 모양새의 꼼수가 숨어 있답니다.

모양새 낱말셈

이름 :

샛별 ÷ 2 = [새] ㅅ + [별]

하느님 ÷ 2 = [ ] [ ] + [ ]

물병자리 ÷ 3 = [ ] + [ ] + [ ] [ ]

쌍둥이자리 ÷ 3= [ ] + [ ] [ ] + [ ] [ ]

별똥별 ÷ 3 = [ ] + [ ] + [ ]

떠돌이별 ÷ 4 = 뜨다 + [ ] 다 + 이 + [ ]

붙박이별 ÷ 4 = [ ] 다 + 박히다 + [ ] + 별

셋, 도마뱀 꼬리 작전 낱말의 형태 알기

우리가 우주와 관계있는 낱말을 되찾으니까 모양새가 심술을 부립니다. 우주와 관계있는 낱말 가운데 뜻도 같고 꼴도 같은 끝 글자를 뚝 잘라 버렸습니다. 끝 글자를 알아볼 수 있다면 가져 가랍니다. 세 낱말의 끝에 모두 들어갈 수 있는 글자를 찾아보세요.

| 보기 | 자 | 성 | 공 | 물 | 체 | 기 |

혜 성
유 ☐
위 ☐
――
별

전 ☐
자 ☐
대 ☐
――
기운

분 ☐
원 ☐
전 ☐
――
알갱이

허 ☐
창 ☐
항 ☐
――
하늘

기 ☐
액 ☐
고 ☐
――
물질

사 ☐
생 ☐
만 ☐
――
물건

말본새의 훼방

말본새가 낱말들이 갖고 있는 뜻을 알지 못하게 훼방을 놓고 있어요. 낱말들이 제 역할을 할 수 있도록 도와주세요.

하나, 숨은 낱말 찾기

낱말의 주변적 의미 알기

말본새가 우주 낱말 몇몇을 꼭꼭 숨겼습니다. 그리고 시치미를 떼며 그 낱말을 설명하는 말을 중얼대고 있습니다. 말본새가 중얼거리는 말을 보면서 숨겨 놓은 낱말을 찾아봅시다.

밤하늘에 어떤 특별한 꼴을 이루는 듯이 보여.

각자 신화 속의 인물, 물건 이름이 붙어 있어.

같이 모여 있는 별의 무리이지.

별자리

라

하늘에 새겨진 오색찬란한 빛의 커튼이야.

주로 북극 지방에서 볼 수 있다네.

북극에 사는 이들은 하늘의 선물이라 생각한대.

해는 가만 있고 나머지 별들이 그 주위를 돈다는 거야.

그래서 지구는 1년 동안 해의 둘레를 한 바퀴 돈다.

우주의 중심을 해로 두고 설명 하는 것이지.

설

모양은 길고 흰 강물처럼 생겼지.

그래서 강물로 비유하여 이르는 것이지.

수없이 많은 별들이 무리를 지은 것이야.

천체에 관한 온갖 사실을 연구하지.

왜 계절이 바뀔까라는 질문에서 시작되었지.

의학과 더불어 가장 오래된 과학이야.

둘, 한 소리 딴 뜻 동음이의 관계의 낱말 알기

낱말 가운데 모양은 같지만 뜻이 다른 것들이 있습니다. 말본새가 이런 낱말로 우리를 헷갈리게 만들고 있습니다. 말본새가 하는 말 가운데, 나머지 둘과 다른 낱말이 쓰인 것을 골라 봅시다.

☑ 저는 일식이 맛이 없어요.
☐ 오전 10시에 일식이 일어난대요.
☐ 일식은 매우 보기 드문 현상이다.

☐ 지구가 정말 둥글까요?
☐ 지구의 역사는 오래 되었다.
☐ 이 거리부터 상업 지구가 시작돼.

☐ 대기의 오염이 갈수록 심해진다.
☐ 역 앞에 택시들이 대기 중이었다.
☐ 겨울의 상쾌한 대기를 마셨다.

☐ 바퀴는 마침내 자전을 멈추었다.
☐ 달도 지구처럼 자전을 한답니다.
☐ 모르는 한자는 자전에서 찾아봐.

☐ 달에는 산소가 없다.
☐ 조상의 산소를 찾아 성묘를 한다.
☐ 물은 산소와 수소로 이루어진다.

☐ 밤이 되자 달이 둥실 떠올랐다.
☐ 5월은 가정의 달이다.
☐ 우주선이 달 표면에 착륙했다.

셋, 버벅버벅 뒤범벅 낱말의 유의 관계 알기

우리가 우주 낱말을 익히는 꼴을 그냥 두지 않는 말본새, 버벅대는 척하며 두 낱말을 뒤범벅으로 만들어 놓았습니다. 살짝 보니 알쏭달쏭하네요. 촉새에 따르면 같은 것을 가리키는 두 낱말이래요. 가려낼 수 있겠죠?

샛별	샛금별성	□성
□양	양해태님	해□
□주□	인우계 인주외	□□인
□름□	보름만 월달	만□
□□별	혜꼬리 성별	혜□
비□□□	오비행유 에프접시	유□□□

어라, 그게 그거 아냐?   조용히 안돼 좀 있음?

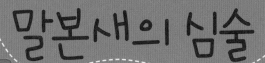

말본새의 심술

말본새가 낱말들의 쓰임새를 알지 못하게
심술을 부리고 있어요. 낱말들이 쓰임새에 따라
제 역할을 할 수 있도록 도와주세요.

하나, 낱말 짝 블랙홀 내기   낱말 간의 의미 관계 알기

말본새가 낱말 짝 블랙홀 내기를 걸어왔습니다. 촉새의 비행접시에 있는 두
낱말과 같은 사이가 되도록, 우리의 비행접시에 낱말 짝을 보기에서 찾아 만
들면 됩니다. 제대로 못 하면 우리를 블랙홀로 끌어들이겠대요!

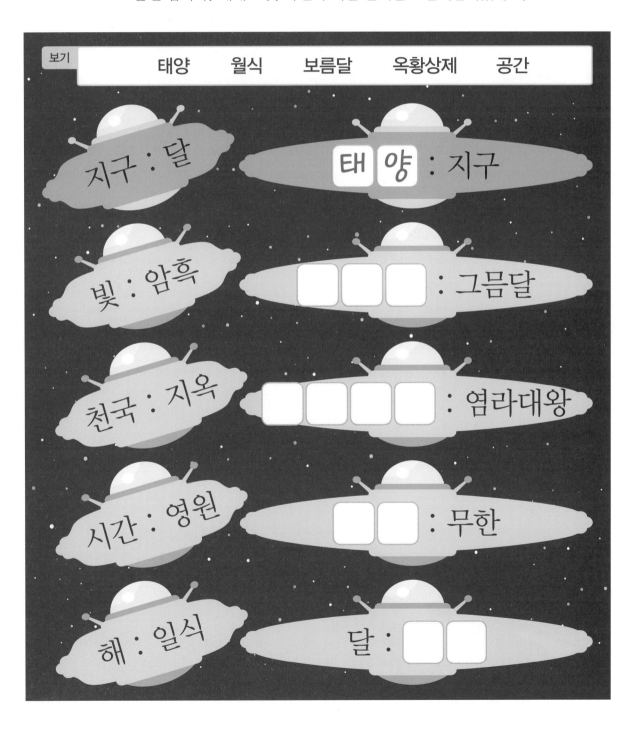

보기   태양   월식   보름달   옥황상제   공간

지구 : 달   　　　태 양 : 지구

빛 : 암흑   　　　□□□ : 그믐달

천국 : 지옥   　　　□□□□ : 염라대왕

시간 : 영원   　　　□□ : 무한

해 : 일식   　　　달 : □□

둘, 뜻 큰 낱말, 뜻 작은 낱말 <small>낱말의 하의 관계 알기</small>

말본새가 뜻이 큰 낱말과 작은 낱말을 두 개씩 짝지어 놓았습니다. 우리가 절대로 가려낼 수 없을 거라고 자신만만해 하네요. 뜻이 큰 낱말에 동그라미를 쳐서 말본새 코를 납작하게 만들어줍시다.

(별자리) : 북두칠성

물질 : 물

목성 : 행성

식물 : 생물

산소 : 기체

붙박이별 : 별

태양계 : 은하

셋, 엉뚱 말셈 낱말의 관용적 의미 알기

말본새가 둘 이상의 낱말이 어울려 본래의 뜻과 다른 말이 된 것을 갖고 말셈을 만들었습니다.
가운데 세 낱말 중에 알맞은 것을 골라 말셈을 완성하고 낱말을 되찾읍시다. 알맞은 낱말에
◯표 하세요.

해가 서쪽에서 + 지다 / (뜨다) / 내리다 = 있을 수 없는 일.

달도 차면 + 찌그러진다 / 더워진다 / 기운다 = 행운은 계속되지 않는다.

하늘을 + 찌르듯 / 자르듯 / 구르듯 = 기세가 세차다.

하늘이 + 두 쪽 나도 / 기울어도 / 솟아나도 = 큰 어려움이 있어도.

북새의 심통

북새가 지금까지 배운 낱말들을 알아볼 수 없도록 숨기거나 엉뚱하게 만들고 있어요. 북새의 심통에 낱말들이 도망가지 않도록 여러분이 지켜 주세요.

하나, 우주께끼　낱말 인식하기

우주 낱말을 꿀꺽하고 달아나던 북새를 붙잡았습니다. 낱말을 내놓으라니까 꿀꺽한 낱말로 만든 우주 수수께끼, 우주께끼를 풀어 보라네요. 우주께끼를 보고 어떤 낱말인지 알아냅시다.

이름은 배인데
아무리 봐도 비행기

반드시 별 볼 일
있는 자리

냄새가 가장
고약한 별

세상에서
가장 큰 흙공

살아서는 절대로
갈 수 없는 나라

외계인이
쓰는 접시

둘, 달력의 비밀 _{낱말 인식하기}

둘, **달력의 비밀** 낱말 인식하기

북새가 심통을 부려 가려 놓은 7개의 우주 낱말입니다. 우리가 날짜의 이름으로 쓰는 낱말이
래요. 빈칸에 알맞은 말을 써넣어 봅시다.

셋, 우주 낱말 지도 우주 어휘 알기

우주와 관련된 낱말들이 이어지는 지도입니다. 우주에 대한 생각을 할 수 없도록 북새가 군데군데 지워 놓았습니다. 낱말 이음새를 살펴보고, 빈칸에 알맞은 글자를 써서 지도를 완성해 보세요.

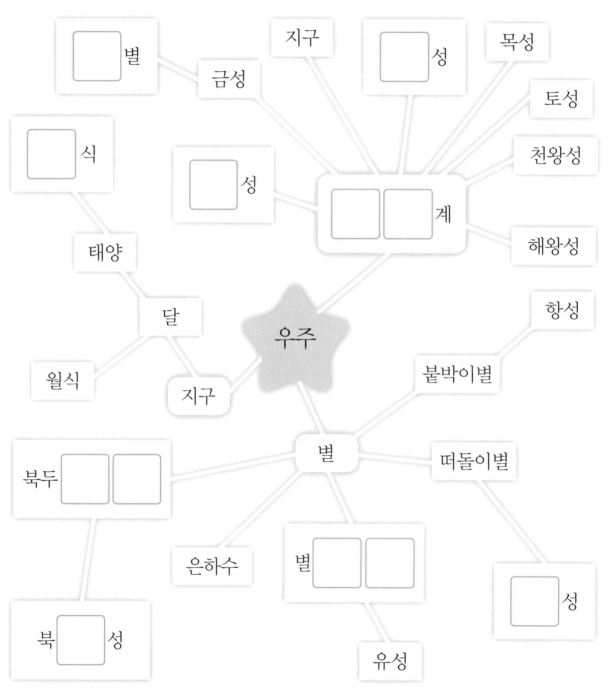

마지막 주

깊은골속
옹말샘

부엉이 요괴들이 '깊은골속옹말샘'을 감추려고 온갖 훼방을 놓고 있습니다. 옹말샘은 낱

말이 생긴 까닭. 낱말이 처음 생긴 모습을 품고 있는 샘. 어원이랍니다. 말의 물줄기가

비롯된 곳이지요. 우리가 물줄기에 닿으면 부엉이 요괴들이 항복 문서를 내놓겠다나요?

낌새의 승부

깊은 늪 옹말샘 마지막 승부 1

낌새가 첫 번째 옹말샘 주위에 큰 늪을 만들어 놓았습니다. 건너가려면 이 곳에서 나온 낱말로 만든 징검다리로 가야 하지요. 그런데 징검돌이 반쪽 밖에 없네요. 낱말의 나머지 반쪽을 써넣어 건너갑시다.

'불이 나게'에서 온 말. 서둘러서 아주 급하게.

'불이야 불이야'가 준 말. 불이 났다고 소리치며 달리듯, 매우 급히 서두르는 모양.

사과를 씹을 때처럼 시원하고 부드러운 느낌을 가리키는 '서근서근하다'에서 온 말.

부
리
□
□

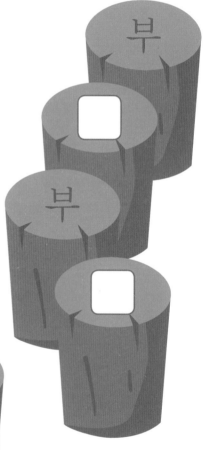

부
□
부
□

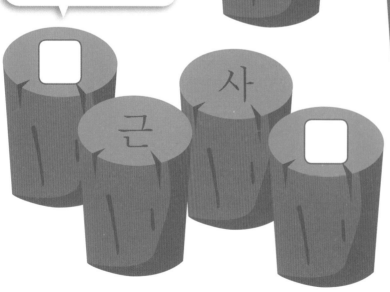

□
근
사
□

나이 어린 사람이 벼슬을 했다고 '아이 나리'라고 낮잡아 이르던 말. 지금은 남을 놀리는 말.

남의 하찮은 일까지 속속들이 알아내려고 하는 모양.

알

나

리

□

□

□

미

주

알

□

□

□

호

알프스 산에서 길을 잃었을 때 자기 위치를 알리던 말. 지금은 신이 나서 외치는 소리.

모양새의 승부

물귀신 옹말샘 마지막 승부 2

모양새가 물귀신을 풀어 놓은 옹말샘입니다. 옹말샘에서 솟아난 낱말을 물귀신들이 붙잡고 있습니다. 뜻을 까먹지 않으려고 물귀신들이 중얼거리는 낱말이 무엇인지 알아내면 헤치고 나갈 수 있답니다. 보기에서 알맞은 낱말을 골라냅시다.

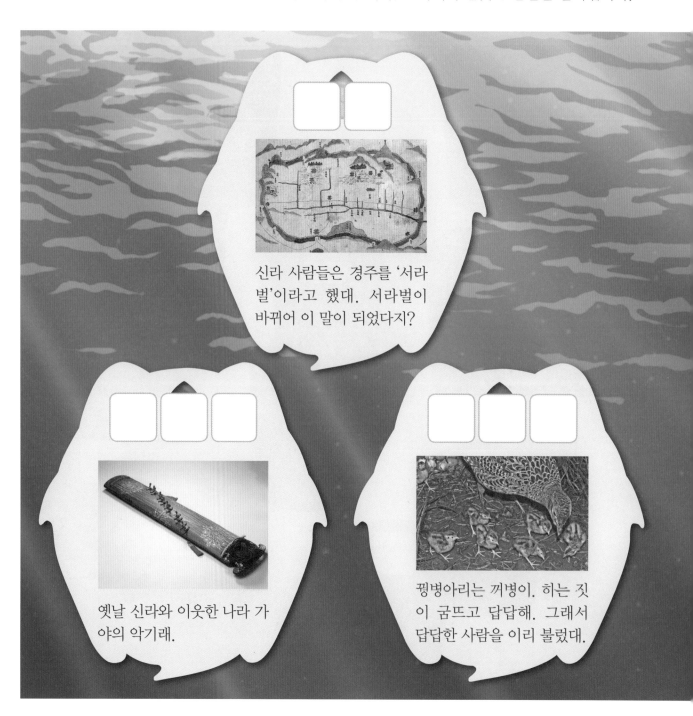

신라 사람들은 경주를 '서라벌'이라고 했대. 서라벌이 바뀌어 이 말이 되었다지?

옛날 신라와 이웃한 나라 가야의 악기래.

꿩병아리는 꺼병이. 하는 짓이 굼뜨고 답답해. 그래서 답답한 사람을 이리 불렀대.

보기   서울   헹가래   가야금   무쇠   가을   꺼벙이

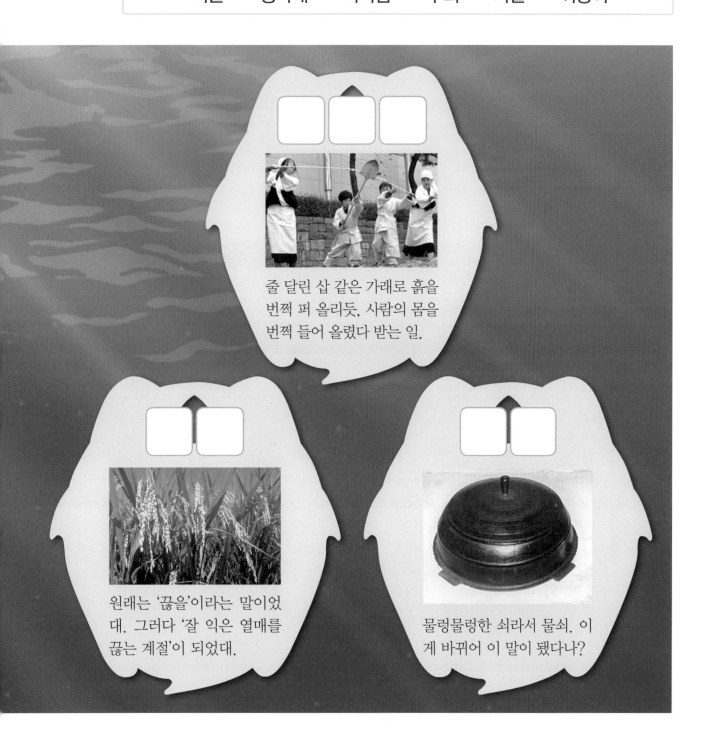

줄 달린 삽 같은 가래로 흙을 번쩍 퍼 올리듯, 사람의 몸을 번쩍 들어 올렸다 받는 일.

원래는 '끊을'이라는 말이었대. 그러다 '잘 익은 열매를 끊는 계절'이 되었대.

물렁물렁한 쇠라서 물쇠. 이 게 바뀌어 이 말이 됐다나?

말본새의 승부

마법 울타리 옹말샘 _{마지막 승부 3}

말본새가 옹말샘에 낱말 마법 울타리를 둘러쳤습니다. 울타리는 어떤 낱말의 옛날 모양과 뜻풀이네요. 낱말의 지금 모양을 찾아내야 허물어진 대요. 어떻게 허무냐고요? 옛 말과 무척 닮은 지금 말을 보기에서 찾아 쓰면 된답니다.

보기

| 서랍 | 술래 | 사냥 | 썰매 | 과녁 | 소매 | 천둥 | 가게 |

순라

밤중에 도둑이나 불이 나는 것을 경계하기 위해,
사람이나 수레 등이 다니는 것을 감시하던 일.

설마

눈 위도 달리는 말이라고 했다지?
그래서 눈 설(雪), 말 마(馬). 지금은 놀이 기구.

관혁

옛날에 화살을 쏘아 맞히던
가죽으로 만든 표적판.

산행

총이나 활, 길들인 매나 올가미로
산과 들의 짐승을 잡는 일.

가가

임시로 지은 집.
그때그때 자그마하게 지어 물건을 팔던 집.

수메

윗옷의 두 팔을 꿰는 부분.

천동

번개와 함께 하늘이 흔들리는 것 같은 소리.

설합

책상, 장롱, 화장대 따위에 끼웠다 뺐다
하게 만든 뚜껑이 없는 상자.

말본새의 승부

말거미 거미줄 옹말샘 _{마지막 승부 4}

북새가 말거미들을 부려 옹말샘에 마법 거미줄을 쳐놓았습니다. 말거미들이 거미줄에 낱말이 비롯된 이야기를 옭아매 버렸네요. 거미줄을 헤치고 나가는 수는 하나뿐이랍니다. 낱말이 비롯된 이야기를 보고, 어떤 낱말인지 그 낱말을 거미 등에 써넣으면 된답니다.

음식을 저장하기 위해 양철로 만든 통을 뜻하는 영어의 '캔'과 한자말 '통'을 붙여 만든 말.

사람을 닮은 인조인간. 공상 과학 연극의 주인공이었대. '일하다'라는 뜻의 체코 말인 '로보타'에서 온 말.

원래는 '참프나'라는 인도의 말. '근육을 주무르다'는 뜻이었어. 지금은 머리를 감는 비누를 뜻하지.

아름다운 노래를 불러 뱃사람들을 위험에 빠뜨렸다는 바다의 요정 '세이렌'에서 나온 말. 지금은 소리로 위험을 알려 주는 장치.

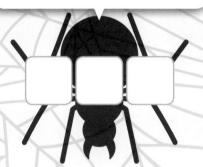

고려 말에 원나라의 영향으로 매사냥이 유행했대. 어린 매를 길들여 사냥했지. 앞가슴에 옅은 붉은 빛의 털이 난 매가 특히 사냥을 잘 했대. 이 매를 몽골어로 '보로'라고 했다지?

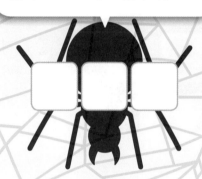

물의 어는점과 끓는점을 기준 삼아 그 사이를 100개로 나눈 온도 체계. 원래는 스웨덴의 물리학자 셀시우스의 이름. 중국에서 그를 '섭이사'라고 적다가 '섭'을 성처럼 떼고 존경의 의미로 '씨'를 붙였지.

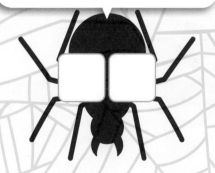

북새의 승부

말깨비 옹말샘 마지막 승부5

촉새가 수다를 떨어 만든 허깨비, 말깨비들이 옹말샘을 지키고 있습니다. 촉새가 무엇에 대하여 수다를 떨었는지 알아내면 말깨비가 흔적도 없이 사라진대요. 빈칸에 알맞은 낱말을 써넣어 말깨비들을 사라지게 합시다.

원래는 '돝'에 아지가 합쳐진 낱말. 송아지, 망아지처럼 낱말 뒤에 아지가 붙으면 그 동물의 새끼를 가리켜. 그러니까 지금 쓰는 이 낱말은 본래 이것의 새끼를 가리키던 것이지. 돝에 아지가 합쳐져 도야지가 되었다 □□가 된 거야. 말 되지?

내 이름에 '황'이 있다고 누렇다고 생각 마시오. 난 본래 큰 수소라는 뜻의 순우리말이었소. 암소가 아닌 덩치 큰 수소! 옛날에 '큰'이라는 뜻으로 '한'을 썼소. 이 '한'이 '황'으로 바뀌어 □□가 되었다오.

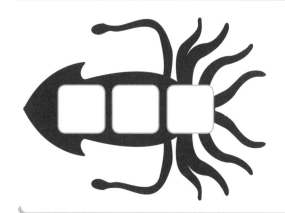

옛날 중국 남쪽 사람들이 나를 '까마귀를 해치는 도적'이라고 했어. 내가 물 위에 떠 있으니까 까마귀가 쪼아댔어. 내가 냉큼 발로 감아 물속에 들어가 삼아먹었지. 그래서 까마귀 오, 도적 적, 고기 어를 써서 '오적어'라 했어. 그 말이 변해 □□□라고 불리게 되었지.

원래 이 낱말은 '밝쥐'였대. 생쥐를 꼭 닮은 데다 밤에만 돌아다녀서 눈이 아주 밝은 놈이라고 생각했거든. '밤쥐'에서 비롯한 것이라고도 해. 아무튼 옛사람들은 얘를 눈이 아주 밝은 놈이라고 믿었나봐. 그래서 □□라고 한 거야.

짧고 작은 동강이라는 '도막'이라는 낱말과 관계가 있다고 해. 우리는 천적을 만나거나 목숨이 위태롭게 되면 꼬리를 끊어 버려. 천적이 꼬리 도막에 한눈을 팔 때 달아나서 목숨을 구하지. 아무튼 꼬리를 도막내고 달아난다 해서 □□□이라고 부르더라고.

옛날 함경북도 명천에 성이 태씨인 어부가 살았대. 태 씨가 바다에 나갈 때마다 맛이 담백한 물고기를 잘 잡았는데, 아무도 그 물고기 이름을 몰랐대. 그래서 명천 땅의 태 씨가 그 고기를 잘 잡았다 해서 명천의 '명(明)', 어부의 성인 '태(太)'를 따 □□라고 부르게 됐대.

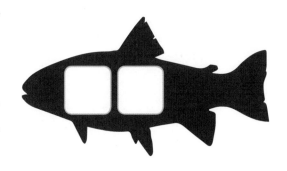

북새의 승부

바꿔치기 딱지 옹말샘 마지막 승부 6

구김새가 옹말샘에서 솟는 낱말을 바꿔치기 딱지로 가려 버렸어요. 제 딴에는 비슷한 낱말로 바꿔치기해 놓고요. 하지만 낱말 풀이를 보니, 무슨 낱말인지 알 것 같습니다. 풀이가 가리키는 낱말을 알아내면 바꿔친 말이 사라진답니다.

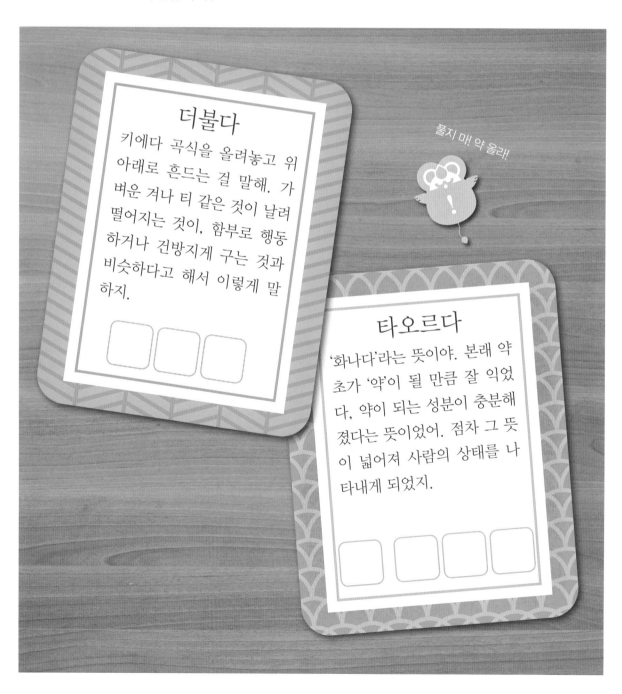

더불다

키에다 곡식을 올려놓고 위아래로 흔드는 걸 말해. 가벼운 겨나 티 같은 것이 날려 떨어지는 것이, 함부로 행동하거나 건방지게 구는 것과 비슷하다고 해서 이렇게 말하지.

풀지 매! 약 올라!

타오르다

'화나다'라는 뜻이야. 본래 약초가 '약'이 될 만큼 잘 익었다, 약이 되는 성분이 충분해졌다는 뜻이었어. 점차 그 뜻이 넓어져 사람의 상태를 나타내게 되었지.

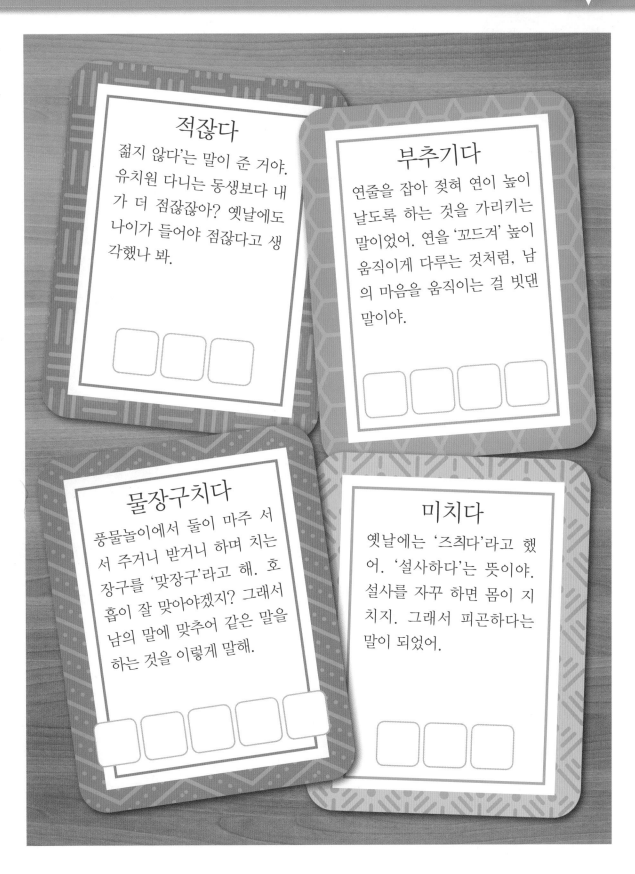

적잖다

'젊지 않다'는 말이 준 거야. 유치원 다니는 동생보다 내가 더 점잖잖아? 옛날에도 나이가 들어야 점잖다고 생각했나 봐.

부추기다

연줄을 잡아 젖혀 연이 높이 날도록 하는 것을 가리키는 말이었어. 연을 '꼬드겨' 높이 움직이게 다루는 것처럼, 남의 마음을 움직이는 걸 빗댄 말이야.

물장구치다

풍물놀이에서 둘이 마주 서서 주거니 받거니 하며 치는 장구를 '맞장구'라고 해. 호흡이 잘 맞아야겠지? 그래서 남의 말에 맞추어 같은 말을 하는 것을 이렇게 말해.

미치다

옛날에는 '즈츼다'라고 했어. '설사하다'는 뜻이야. 설사를 자꾸 하면 몸이 지치지. 그래서 피곤하다는 말이 되었어.

구김새의 승부

큐알코드 옹말샘 마지막 승부 7

구김새가 마지막 옹말샘에서 최선을 다해 방해를 합니다. 복잡한 큐
알코드로 옹말샘을 가려 놓았답니다. 낱말들이 마지막 옹말샘에서

원래 벽창우라는 소야. 평안도 개마고원 부근 벽동과 창성이라
는 동네에서 나는 소지. 엄청나게 크고 억센 데다 성질도 고약
했대. 그래서 고집스럽고 말이 안 통하고 무뚝뚝한 사람을 이렇
게 불러.

태어난 지 하루 된 강아지? 아니거든? 이 말은 '하릅강아지'가 변
한 거야. '하릅'은 소, 말, 개 등 짐승의 '한 살'을 뜻하는 것이야. 그
러니 '하릅강아지'는 '한 살 된 강아지'라는 말이지.

주먹구구

홀몸이

제대로 된 지식이나 기술 없이 여러 곳을 돌아다니며 물건을 파
는 사람이라는 말이야. 일정한 가게 없이 이리저리 떠돌아다니
며 기술이나 물건을 판다는 거야. '돌'다와 '팔'다가 합쳐진 말이
라고!

탈출하기 위해 자기가 누구인지 설명하려 안간힘을 쓰고 있습니다. 애쓰고 있는 낱말이 무엇인지 써넣어 주세요. 구김새의 바코드에서 알맞은 낱말을 찾아보세요.

원래 뚝지라는 바닷물고기야. 행동이 굼떠서 바위에 한번 붙으면 사람이 다가가도 꿈쩍을 하지 않아. 그래서 아둔하고 어리석은 사람을 이르는 말이 되었지. 뭐야, 나라고?

주먹을 쥐었다가 폈다 하면서 하는 구구셈. 손가락을 폈다 접었다 하며 구구셈을 하면 셈도 틀리기 쉽고 믿음도 안 가! 그래서 정확한 계획 없이 일을 대충 처리할 때 이렇게 한다고 해.

원래는 깍정이라고 했지. 옛날 서울 청계천 등에 살며 구걸을 하거나, 장사 지낼 때 무덤 속 악귀를 쫓아 준다며 돈을 뜯어내던 사람들이었지. 그러다 이기적이고 얄밉게 행동하는 사람을 가리키게 되었어.

마지막 날 구김새의 승부

구김새의 항복 너름새 인증

마침내 여러분이 구김새와 다섯 부하들의 방해를 모두 물리쳤습니다. 정말 애 많이 썼어요! 구김새가 씩씩거리며 항복 문서를 제출하겠다고 합니다. 아래 있는 너름새 인정서에 이름을 써 주세요. 여러분을 너름새 1대 영웅으로 인정합니다!

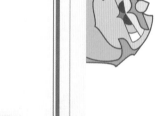

날말 너름새 영웅 인정서

_____ 초등학교

____ 학년 ___ 반

이름_____

약오르고 분하고 억울하지만
너를 초등 어휘 바탕다지기
날말 너름새 영웅으로 인정한다! 우쒸~

너름새가 뭐냐고?
시원스럽게 말로 떠벌려 일이
잘되도록 힘쓰는 솜씨란 말이야.

_____ 년 ___ 월 ___ 일

대장 구김새, 낌새, 모양새, 말본새, 북새, 촉새 몽땅

정답 및 풀이

본문 속 어려운 낱말을 풀어주는 낱말 풀이

알쏭달쏭한 속담과 관용구의 유래를 알려주는 속담·관용구 풀이

엄마가 설명하면 좋은 공부 팁 맘's 팁

첫째 주 소리

첫째 날

12쪽

개굴개굴 귀뚤귀뚤 야옹야옹
끼룩끼룩 따옥따옥 맹꽁맹꽁
지지배배 까옥까옥 삐악삐악

13쪽

얼 벙 삭
글 각 랑

맘's tip | 무슨 소리일까

- 중얼중얼은 작고 낮은 목소리로 혼잣말을 자꾸 하는 소리, 흥얼흥얼은 흥에 겨워 입 속으로 계속 노래를 부르는 소리, 칭얼칭얼은 몸이나 마음이 불편해 자꾸 짜증을 내며 중얼거리거나 보채는 소리를 나타내는 말이지요.
- 첨벙첨벙, 덤벙덤벙, 철벙철벙은 제법 크거나 묵직한 물체가 물에 자꾸 부딪치거나 잠기는 소리를 나타내는 말입니다. 철벙철벙은 철버덩철버덩의 줄임말이에요.
- 바삭바삭은 가랑잎이나 마른 검불 따위의 잘 마른 물건을 가볍게 밟는 소리, 와삭와삭은 가랑잎이나 얇고 빳빳한 물건이 자꾸 서로 스치거나 바스러지는 소리 혹은 과일이나 과자 따위를 자꾸 베어 무는 소리를 나타내는 말이지요. 속삭속삭은 나지막한 목소리로 자꾸 가만가만 이야기하는 소리를 나타내는 말입니다.
- 와글와글은 사람이나 벌레 따위가 한곳에 많이 모여 잇따라 떠들거나 움직이는 소리를 나타내는 말입니다. 지글지글, 자글자글은 적은 양의 액체나 기름 따위가 걸쭉하게 잦아들면서 자꾸 끓는 소리를 나타내는 말입니다.
- 사각사각은 눈이 내리거나 눈 따위를 밟을 때 잇따라 나는 소리를 나타내는 말입니다. 달각달각은 달가닥달가닥의 준말로 작고 단단한 물건이 자꾸 맞부딪치는 소리를 나타내는 말입니다. 또각또각은 구둣발로 단단한 바닥을 잇따라 급히 걸어가는 소리를 나타내는 말이지요.
- 딸랑딸랑은 작은 방울이나 매달린 물체 따위가 자꾸 흔들리는 소리, 짤랑짤랑은 얇은 쇠붙이나 작은 방울 따위가 자꾸 흔들리거나 부딪

쳐 울리는 소리를 나타내는 말이지요. 찰랑찰랑은 가득 찬 물 따위가 잔물결을 이루며 자꾸 넘칠 듯 흔들리는 소리를 나타내는 말이고요.

14쪽

기침 딸꾹질 빗물
이야기 자동차
망치 악기 기차

| 낱말 풀이 |

- 띵까띵까는 요란하고 신나게 악기를 연주해 대는 소리를 나타내는 말입니다.(예:옆집에서 밤새도록 띵까띵까 노는 소리에 잠을 한숨도 못 잤다.)

둘째 날

15쪽

부르릉부르릉 보득보득
바지직바지직 달각달각
그렁그렁 뿌지직뿌지직
키득키득 삐거덕삐거덕

| 낱말 풀이 |

- 보드득보드득은 야무지게 문지르거나 비빌 때 나는 소리(예:발을 보드득보드득 문질러 때를 벗겨라.), 쌓인 눈 따위를 약간 세게 여러 번 밟을 때 야무지게 나는 소리를 나타내는 말입니다.
- 바지직바지직, 뿌지직뿌지직은 물기 있는 물건이 뜨거운 열에 조금씩 닿아서 자꾸 급히 타거나 졸아붙는 소리를 나타내는 말입니다. 또는 무른 똥을 급히 쌀 때에 조금 되바라지게 자꾸 나는 소리를 나타내는 말이기도 하지요.
- 달가닥달가닥은 작고 단단한 물건이 자꾸 맞부딪치는 소리를 나타내는 말입니다.
- 그르렁그르렁은 목구멍에 가래 따위가 걸려 숨을 쉴 때 자꾸 거치적거리는 소리를 나타내는 말입니다.
- 삐거덕삐거덕은 크고 단단한 물건이 자꾸 서로 닿아서 갈릴 때 나는 소리를 흉내낸 말입니다. 비거덕비거덕보다 거센 느낌이 나지요. 삐그덕삐그덕은 잘못된 말입니다.

16쪽

덜렁이 촐랑이 딸랑이
옹알이 덤벙이 야옹이

| 낱말 풀이 |

- 덜렁덜렁은 큰 방울이나 매달린 물체 따위가 자꾸 흔들리는 소리를 흉내 낸 말입니다. 자꾸 흔들린다는 뜻에서 침착하지 못하게 행동하는 모양도 나타내게 되었습니다.
- 촐랑촐랑은 물 따위가 자꾸 잔물결을 이루며 흔들리는 소리를 흉내 낸 말입니다. 여기서 가볍고 경망스럽게 까부는 모양도 나타내게 되었지요. 큰말은 출렁출렁.

17쪽

수군수군 풍덩풍덩 서걱서걱
쑥떡쑥떡 토닥토닥 철컥철컥

| 낱말 풀이 |

- 숙덕숙덕, 쑥덕쑥덕은 남이 알아듣지 못하도록 낮은 목소리로 은밀하게 자꾸 이야기하는 소리를 나타내는 말입니다. 쑥덕쑥덕이 센 느낌을 주지요.
- 도닥도닥, 토닥토닥은 조금 단단한 물체를 잇따라 조금 힘있게 두드리는 소리를 나타내는 말입니다.(예:아주머니는 칭얼대는 아기의 엉덩이를 토닥토닥 두드려 주었다.) 토닥토닥이 센 느낌을 줍니다.
- 절걱절걱, 철컥철컥은 크고 단단한 물체가 자꾸 맞부딪치는 소리를 나타내는 말입니다. 절걱절걱은 절거덕절거덕의 준말, 철컥철컥은 철커덕철커덕의 준말입니다.

셋째 날

18쪽

으르렁 껄껄 드렁드렁
찍찍 까르르 후드득후드득

| 낱말 풀이 |

- 까르르는 갑자기 크게 웃는 소리를 나타내는 말입니다.

• 바드득바드득은 단단하고 질기거나 반드러운 물건을 자꾸 되게 문지를 때 잇따라 되바라지게 나는 소리를 나타내는 말입니다.(예:그는 어제 겪은 수모를 생각하고 바드득바드득 이를 갈았다.) 거센말은 파드득파드득.

• 후드득후드득은 굵은 빗방울 따위가 갑자기 잇따라 떨어질 때 나는 소리를 나타내는 말입니다.(예:빗줄기가 얇은 지붕을 후드득후드득 때렸다.)

19쪽

왁자지껄   흥얼흥얼   터덜터덜
띵까띵까   헐떡헐떡
새근새근   덜컹덜컹   주룩주룩

| 낱말 풀이 |

• 왁자지껄은 여럿이 정신이 어지럽도록 시끄럽게 떠들고 지껄이는 소리를 나타내는 말입니다.

• 흥얼흥얼은 신이 나거나 기분이 좋아 입 속으로 노래를 부르는 소리를 흉내낸 말입니다.(예:아저씨는 흥얼흥얼 콧노래를 불렀다.)

• 터덜터덜은 지치거나 느른하여 무거운 발걸음으로 계속 힘없이 걷는 소리를 나타내는 말입니다.

• 헐떡헐떡은 숨을 자꾸 가쁘고 거칠게 쉬는 소리를 나타내는 말입니다.(예:이곳까지 급하게 달려오느라고 숨을 헐떡헐떡 쉬었다.)

• 새근새근은 어린아이가 곤히 잠들어 조용하게 자꾸 숨 쉬는 소리를 나타내는 말입니다.

• 덜컹덜컹은 크고 단단한 물건이 자꾸 부딪쳐 울리는 소리를 나타내는 말입니다. 덜커덩덜커덩의 준말.

• 주룩주룩은 꽤 많이 내리는 비나 물이 줄을 이루며 내리는 소리를 나타내는 말입니다.(예:늦잠에서 깨었을 때는 비가 주룩주룩 내리고 있었다.)

20쪽

웃음   울음   코
발걸음   잠   이야기

넷째 날

21쪽

쿨쿨   챙챙[쟁쟁]   드르렁
따릉따릉   까옥까옥   주룩주룩

| 낱말 풀이 |

• 챙챙은 탄성이 있는 얇은 쇠붙이나 유리 따위가 자꾸 부딪치거나 바스러질 때 잇따라 맑게 울려 나는 소리를 나타내는 말입니다.(예:오케스트라에서 저마다 내는 악기 소리에 챙챙 심벌즈 소리도 더해졌다.)

22쪽

꼬르륵   풍당풍당   우수수
꼴까닥   칭얼칭얼
까르르   털썩털썩   뚜뚜

| 낱말 풀이 |

• 두런두런은 낮은 목소리로 서로 이야기를 계속 주고받는 소리를 나타내는 말입니다.(예:어디선가 두런두런 말소리가 들려왔다.)

• 우지직은 크고 단단한 물건이 갑자기 부러지거나 찢어지거나 부서지는 소리를 나타내는 말입니다.(예:후박나무 한 그루가 태풍에 우지직 부러지고 말았다.)

• 와지끈은 여러 가지 단단한 물건이 부서지는 소리를 나타내는 말입니다.(예:의자 다리가 와지끈 부러지면서 의자에 앉아 있던 나는 엉덩방아를 찧었다.)

• 우수수는 바람에 나뭇잎 따위가 많이 떨어지는 소리를 나타내는 말입니다.(예:한차례 바람이 일자 노랗게 물든 나뭇잎들이 우수수 떨어졌다.)

• 덜커덕은 크고 단단한 물건이 맞부딪치는 소리를 나타내는 말입니다. '덜거덕'보다 조금 거센 느낌을 주지요.(예:문이 덜커덕 열리다.)

• 찰카닥은 끈기 있는 물건이 세차게 달라붙는 소리를 나타내는 말입니다.

• 꼴까닥은 적은 양의 액체나 음식 따위가 목구멍이나 좁은 구멍으로 단번에 넘어갈 때 나는 소리를 나타내는 말입니다.(예:침을 꼴까닥 삼켰다.)

• 와르르, 우르르는 모두 쌓여 있던 물건이

갑자기 무너지는 소리를 나타내는 말입니다. 와르르는 작고 단단한 물건이, 우르르는 큰 물건이 무너지는 느낌이 들지요.(예:돌무더기가 와르르 무너졌다. / 건축 자재가 우르르 무너졌다.)

• 털썩털썩은 크고 두툼한 물건이 자꾸 세게 움직이거나 흔들리는 소리를 나타낸 말입니다.(예:리어커가 움직일 때마다 짐짝들이 털썩털썩 요동친다.)

• 푸푸는 다물었던 입술을 내밀고 조금 벌리며 잇따라 입김을 내뿜는 소리를 나타낸 말입니다.(예:한숨을 푸푸 내쉬다.)

• 퉤퉤는 침이나 입 안에 든 것을 자꾸 뱉는 소리를 나타낸 말입니다.(예:침을 퉤퉤 뱉다.)

• 뚜뚜는 고동이나 기적, 나팔 따위가 잇따라 울리는 소리를 나타낸 말입니다.(예:출발을 알리는 기적 소리가 뚜뚜 울리자 사람들이 모여들었다.)

23쪽

짹   바스락
톡톡   냠냠
뚝딱

다섯째 날

24쪽

꼬꼬댁   끄르륵   따르릉
개굴개굴   와[우]르르   우[와]당탕

25쪽

꼴까닥   달가닥
왈카닥   찰카닥   파드닥

26쪽

주룩주룩   버[뻐]스럭   덜컥덜컥
딜걱딜걱
쿨룩쿨룩
풍덩풍덩
찰카닥
철거덕   삐걱삐걱[삐꺽삐꺽]
철컥철컥[절컥절컥]

둘째 주 곳

첫째 날

28쪽

곳

장소 자리

공간

29쪽

| 7 | 8 |
| 6 | 3 |

1, 2

30쪽

거기

| 낱말 풀이 |

· 언저리는 둘레의 가 부분입니다.

· 테두리는 물체의 둘레나 가장자리입니다.

· 가장자리는 어떤 사물의 바깥쪽 경계에 가까운 부분을 말합니다.

· 끄트머리는 끝이 되는 부분을 말합니다.

· 변두리는 어떤 지역 혹은 어떤 물건의 가장자리가 되는 곳입니다.

· 복판은 일정한 공간이나 사물의 한가운데입니다.(예:그가 쏜 화살이 과녁의 복판에 제대로 맞았다.) 한복판은 복판을 강조한 말입니다.

· 안팎은 사물이나 영역의 안과 밖을 한꺼번에 아우르는 말입니다.

· 가는 바깥쪽 경계가 되는 가장자리 부분이나 그 부근입니다.

둘째 날

31쪽

바깥	둘레
안팎	복판
북녘	끄트머리

| 낱말 풀이 |

· 둘레는 사물의 테두리나 바깥 언저리입니다.(예:지구는 태양의 둘레를 돈다.)

· 녘은 쪽이라는 뜻입니다. 동쪽을 동녘, 북쪽을 북녘이라고도 하지요.

맘's tip | ㅎ소리가 덧나는 말

두 말이 어울릴 적에 'ㅎ' 소리가 덧나는 것은 소리대로 적는답니다. 안팎(안ㅎ밖), 머리카락(머리ㅎ가락), 살코기(살ㅎ고기), 수컷(수ㅎ것), 암탉(암ㅎ닭) 등이 그렇지요.

32쪽

| 그런데 | 고추잠자리 | 모니터 |
| 송곳 | 뾰족 | 약속 |

| 낱말 풀이 |

· 송곳은 작은 구멍을 뚫는 데 쓰는 도구입니다.

송곳

· 빈속은 먹은 것이 없어 시장한 배 속을 말합니다.

33쪽

너머	넘어
오른	옳은
어름	얼음
아귀	어귀

| 낱말 풀이 |

· 너머는 '산·고개·담·강과 같은 넓거나 높은 곳의 저 쪽'이라는 뜻입니다.(예:저 산 너머에는 무엇이 있을까?)

· 넘어는 '넘고, 넘는, 넘으니'와 같이 '넘다'의 바뀜꼴 중의 하나로, '높은 데를 지나 이 쪽에서 저 쪽으로'라는 뜻입니다.(예:추풍령을 넘어 남쪽으로 내려가면 사람들의 말씨가 달라진다.)

· 어름은 두 물건이 맞닿은 자리입니다.(예:두 개천이 합쳐지는 어름에는 고기가 많아 낚시꾼들이 모이지요.)

· 아귀는 사물의 갈라진 부분입니다.(예:문짝이 떨어져서 아귀가 맞게 다시 다느라 애를 먹었다.)

· 어귀는 일정한 지역으로 드나들 때 지나게 되는 지점입니다.(예:마을 어귀의 숲)

셋째 날

34쪽

| 턱 | 양쪽 | 중심 | 빈자리 |
| 사방 | 공간 | 둘레 | |

| 낱말 풀이 |

· 턱은 평평한 곳의 어느 한 부분이 조금 높은 자리입니다.(예:이곳은 턱이 높아서 자전거를 타기에는 위험하겠어.)

35쪽

| 뱃머리 | 병목 | 안경다리 |
| 칼등 | 산허리 | 바늘귀 |

| 낱말 풀이 |

· 산허리는 산의 꼭대기와 아래의 중간이 되는 곳입니다.

36쪽

근처, 부근	상하, 위아래
맞은편, 건너편	뒷부분, 꽁무니
모서리, 귀퉁이	한가운데, 한복판

| 낱말 풀이 |

· 꽁무니는 긴 사물의 맨 뒤나 맨 끝을 말합니다.(예:아이들은 차 꽁무니가 안 보일 때까지 손을 흔들었다.) 혹은 사람이나 짐승의 엉덩이 끝 부분을 말하기도 하지요.(예:반디의 꽁무니에서 빛이 난다.)

· 귀퉁이는 물건의 내민 모퉁이입니다.(예:네 귀퉁이가 닳도록 읽은 재미있는 그림책) 혹은 장소의 구석진 곳을 말합니다.(예:아이들은 교실 귀퉁이로 몰려갔다.)

· 모서리는 물건이나 공간의 모가 나 있는 구석이나 가장자리입니다.(예:집에 어린이가 있으면 모서리가 뾰족한 탁자는 위험하지요.)

37쪽

꼭대기, 밑바닥　머리맡, 발치
오르막, 내리막　윗목, 아랫목
대가리, 꽁지　바깥, 안　앞, 뒤

| 낱말 풀이 |
- 머리맡은 누웠을 때의 머리 부근입니다.
- 발치는 누울 때 발이 가는 쪽입니다.
- 윗목은 온돌방에서 아궁이에서 먼 쪽의 방바닥, 아랫목은 아궁이 가까운 쪽의 방바닥입니다. 아랫목은 불을 때면 먼저 데워지고요, 윗목은 불길이 잘 닿지 않아 아랫목보다 차갑답니다.

38쪽

외부　중심　상하
장소　선두

| 낱말 풀이 |
- 선두는 대열이나 행렬, 활동 따위에서 맨 앞을 말합니다.

39쪽

아래　위
속　곳
앞　밖

다섯째 날

40쪽

맞은편　막바지　바른쪽
빈틈　자기편
한복판　언저리　지면

| 낱말 풀이 |
- 지면은 땅의 표면입니다.

41쪽

머리　꼭대기　마루
끄트머리

귀퉁이　다리
좌우　가장자리
한복판　언저리　주변

42쪽

구석구석　굽이굽이
사이사이　군데군데　곳곳

셋째 주 모양

첫째 날

44쪽

글		실
물	들	락
굿	룩	렁

| 낱말 풀이 |
- 굽실굽실은 고개나 허리를 자꾸 깊숙이 구부리는 모양을 나타내는 말입니다.
- 가물가물은 작고 약한 불빛 따위가 사라질 듯 말 듯 자꾸 움직이는 모양을 나타내는 말입니다.
- 쥐락펴락은 남을 권력이나 세력으로 마음대로 부리거나 휘두르는 모양을 나타내는 말입니다.
- 들락날락은 자꾸 들어갔다 나왔다 하는 모양을 나타내는 말입니다.
- 싱긋싱긋은 눈과 입을 슬며시 움직이며 소리 없이 가볍게 자꾸 웃는 모양을 나타내는 말입니다.
- 실룩샐룩은 얼굴이나 근육의 한 부분이 이쪽저쪽으로 실그러졌다 샐그러졌다 하며 자꾸 움직이는 모양을 나타내는 말입니다.(예:그녀는 입술을 실룩샐룩 노래 가사를 흥얼거렸다.)

45쪽

울룩불룩, 울퉁불퉁　우물쭈물, 우글쭈글
들락날락, 들쑥날쑥　허둥지둥, 허겁지겁
알쏭달쏭, 알록달록　삐뚤삐뚤, 삐쭉빼쭉

| 낱말 풀이 |
- 우글쭈글은 여러 군데가 안쪽으로 우묵하게 들어가고 주름이 많이 지게 쭈그러진 모양을 나타낸 말입니다. 우그렁쭈그렁의 준말.
- 들쑥날쑥은 제멋대로 들어가기도 하고 나오기도 하여 고르지 못한 모양을 나타내는 말입니다.(예:누나는 이가 들쑥날쑥 제멋대로 났다.)
- 알록달록은 어떤 바탕에 다른 빛깔의 작은 얼룩이나 무늬가 뒤섞여 있든가 번갈아 나 있는 모양을 나타내는 말입니다.(예:공원에 알록달록 차려입은 아이들이 소풍을 나왔다.)
- 삐쭉빼쭉은 여럿이 다 끝이 고르지 않게 조금씩 내밀려 있는 모양을 나타내는 말입니다. 비죽배죽보다 아주 센 느낌을 주지요.(예:합판 위로 못이 삐쭉빼쭉 나오다.)

46쪽

징글징글　초롱초롱　조마조마
나풀나풀　쉬엄쉬엄　시름시름
덩실덩실　부리부리

둘째 날

47쪽

우두커니　널찍널찍　부리나케
부랴부랴　긁적긁적　빙그레

| 낱말 풀이 |
- 우두커니는 넋이 나간 듯 혹은 하는 일 없이 가만히 한 자리에 멈추어 멍하게 있는 모양을 나타내는 말입니다.(예:먼 산만 우두커니 바라보다.)
- 널찍널찍은 여럿이 다 꽤 너른 모양입니다.(예:우리 집 방은 모두 널찍널찍하다.)
- 빙그레는 입을 약간 벌리고 소리 없이 부드럽게 웃는 모양을 뜻합니다.(예:엄마는 우리를 보고 빙그레 웃으셨다.)

맘's tip | 굳어진 말 부랴부랴
- 부랴부랴는 매우 급하게 서두르는 모양을 이르는 말입니다. 불이 났음을 알리기 위해 소리

치던 '불이야불이야'가 원형이지요. 그러다 (불이 났을 때) 다급하게 서두르는 모양이라는 뜻으로 변하면서 그 형태도 '불야불야'에서 '부랴부랴'로 굳어져 쓰이고 있습니다.

- 부리나케도 '불이나게'로 적고, (불이 나면 꺼야 하니) 서둘러서 아주 급하게라는 의미로 쓰였지요. 하지만 '불이 나다'와 의미적 관련성이 사라지면서 소리 나는 대로 적게 되었답니다.

48쪽

빤질빤질, 뺀질뺀질
까칠까칠, 꺼칠꺼칠
꼬물꼬물, 꾸물꾸물
쪼글쪼글, 쭈글쭈글

| 낱말 풀이 |
- 반질반질은 거죽이 윤기가 흐르고 매우 매끄러운 모양을 나타낸 말입니다.
- 가칠가칠은 야위거나 메말라 살갗이나 털 등의 여기저기가 매우 윤기가 없고 거친 모양을 나타낸 말입니다.
- 고물고물은 매우 느리고 좀스럽게 자꾸 움직이는 모양을 나타낸 말입니다.
- 조글조글은 쪼그라지거나 구겨져서 고르지 아니하게 주름이 많이 잡힌 모양을 나타낸 말입니다.

49쪽

삐뚤삐뚤   실룩샐룩   시끌벅적
우물쭈물   히쭉해쭉   시근벌떡

| 낱말 풀이 |
- 실룩샐룩은 근육의 한 부분이 이쪽저쪽으로 실그러졌다 샐그러졌다 하며 자꾸 움직이는 모양을 나타내는 말입니다. 실룩실룩은 근육의 한 부분이 자꾸 비뚤어지거나 기울어지는 모양입니다. 작은말은 샐룩샐룩.
- 시끌시끌은 몹시 시끄러운 모양. 벅적벅적은 많은 사람이 넓은 곳에 모여 매우 어수선하게 잇따라 움직이는 모양을 나타낸 말입니다. 시끌벅적은 몹시 어수선하게 움직이며 시끄럽게 떠드는 모양을 나타내지요.
- 히쭉해쭉은 흐뭇한 듯이 슬쩍슬쩍 자꾸

웃는 모양을 나타낸 말입니다. 히죽해죽보다 센 느낌이 들지요.
- 시근벌떡은 몹시 숨이 차서 숨소리가 고르지 않고 거칠면서 가쁘고 급하게 나는

넷째 날

50쪽

머리-절레절레   팔다리-후들후들
마음-조마조마   기억-가물가물
이빨-흔들흔들   구두-반들반들
길-구불구불   눈-소복소복

| 낱말 풀이 |
- 힐끔힐끔은 곁눈질하여 자꾸 재빨리 쳐다보는 모양을 나타내는 말입니다.(예:아이들은 명수를 힐끔힐끔 바라보며 자기네들끼리 뭐라고 소곤거렸다.)
- 가물가물은 희미하게 생각이 날 듯 말 듯한 모양을 나타낸 말입니다.(예:그 애와 언제 만났는지 가물가물 생각이 나지 않는다.)
- 갈팡질팡은 갈피를 잡지 못하고 이리저리 헤매는 모양을 나타낸 말입니다.(예:우리는 갈팡질팡하다가 결국 선생님과 의논하였다.)
- 소복소복은 쌓이거나 담긴 물건이 여럿이 다 볼록하게 많은 모양을 나타낸 말입니다.(예:아침에 일어나니 창틀마다 눈이 소복소복 쌓여 있었다.)
- 허둥지둥은 정신을 차릴 수 없을 만큼 갈팡질팡하며 다급하게 서두르는 모양을 나타낸 말입니다.(예:변 사또는 허둥지둥 숨을 곳을 찾아 아무 곳이나 머리를 들이밀었다.)

51쪽

안절부절, 조마조마
짤막짤막, 동강동강
빈둥빈둥, 뺀질뺀질
옥신각신, 티격태격
고래고래, 버럭버럭

굽실굽실, 꾸벅꾸벅

| 낱말 풀이 |
- 안절부절은 마음이 초조하고 불안하여 어찌할 바를 모르는 모양을 나타낸 말입니다.
- 동강동강은 긴 물체가 여러 작은 토막으로 잇따라 잘라지거나 끊어지는 모양을 나타낸 말입니다.(예:생선을 동강동강 토막을 치다.)
- 옥신각신은 서로 옳으니 그르니 하며 다투는 모양, 티격태격은 서로 뜻이 맞지 않아 말싸움을 벌이는 모양을 나타내는 말입니다.
- 고래고래는 몹시 화가 나서 목소리를 한껏 높여 시끄럽게 외치는 모양, 버럭버럭은 성이 나서 소리를 냅다 지르는 모양을 나타낸 말입니다.

52쪽

갈팡질팡, 허둥지둥
그득그득, 듬뿍듬뿍
고분고분, 나긋나긋
허겁지겁, 부랴부랴
들쑥날쑥, 울퉁불퉁

넷째 날

53쪽

실룩샐룩   옹기종기
뭉게뭉게   주렁주렁
비틀비틀[비실비실]   알뜰살뜰

| 낱말 풀이 |
- 옹기종기는 서로 다른 여럿이 고르지 않게 모여 있는 모양을 나타내는 말입니다.(예:아이들이 옹기종기 모여 있었다.)
- 알뜰살뜰은 생활비를 아끼며 규모 있고 정성스레 살림을 하는 모양을 나타내는 말입니다.

54쪽

방긋방긋   날름날름   펄쩍펄쩍
꼬깃꼬깃   버럭버럭

킵니다. 눈다랑어, 황다랑어 등과 함께 다랑어의 일종이지요.

62쪽

해   해   해
해
해양
양
양   양   양

| 낱말 풀이 |

• 해양은 넓고 큰 바다입니다. 지구 전 표면의 약 70퍼센트를 차지하는 물의 영역으로, 태평양, 대서양, 인도양 따위를 통틀어 이릅니다.

둘째 날

63쪽

불가살이→불가사리   칼치→갈치
꼴뚝이→꼴뚜기   닷→닻
성개→성게   개뻘→갯벌
낙지→낙지

| 낱말 풀이 |

• 불가사리는 몸이 다섯 가닥으로 되어 있어 별 모양으로 생긴, 바다에 사는 동물입니다.

불가사리

• 꼴뚜기는 발이 열 개이고 뼈가 없고 몸의 빛깔이 불그스름한 작은 바다 동물입니다. 운동성이 약해 살이 연하답니다.

꼴뚜기

긁적긁적   복슬복슬   쭈글쭈글

맘's tip | 말의 느낌

• 글썽글썽, 그렁그렁, 울먹울먹은 울 듯한 모양, 방긋방긋은 웃는 모양을 나타내지요.
• 터덜터덜, 비틀비틀, 뒤뚱뒤뚱은 걷는 모양, 날름날름은 혀나 손을 날쌔게 내밀었다 들였다 하는 모양을 나타내지요.
• 쉬엄쉬엄, 느릿느릿, 엉금엉금은 속도가 느리게 움직이는 모습, 펄쩍펄쩍은 갑자기 뛰어오르는 모양을 나타내지요.
• 한들한들, 흔들흔들, 펄럭펄럭은 물체가 이리저리 흔들리거나 바람에 나부끼는 모습, 꼬깃꼬깃은 종이나 천을 접거나 비비는 모습을 나타내지요.
• 알쏭달쏭, 갸웃갸웃, 멀뚱멀뚱은 어떤 대상이나 질문에 대해 잘 파악하지 못한 모양, 버럭버럭은 갑자기 소리를 지르는 모양을 나타내지요.
• 수북수북, 그득그득, 듬뿍듬뿍은 무엇이 넘칠 정도로 가득한 모양, 긁적긁적은 손톱이나 뾰족한 기구 따위로 자꾸 바닥이나 거죽을 문지르는 모양을 나타냅니다.
• 종알종알, 나불나불, 투덜투덜은 말하는 모양, 복슬복슬은 귀엽고 탐스럽게 털이 많은 모양을 나타냅니다.
• 오락가락, 들락날락, 갈팡질팡은 생각이나 행동의 방향을 정하지 못하고 헤매는 모양, 쭈글쭈글은 쭈그러지거나 구겨져서 고르지 않게 주름이 많이 잡힌 모양을 나타냅니다..

55쪽

꼬부랑   번쩍
삐죽   꿈틀
뒤적   뱅뱅

다섯째 날

56쪽

엉거주춤   우지끈   헐레벌떡
두둥실   활짝[살짝]
넙죽넙죽   옥신각신   고분고분

57쪽

펄쩍펄쩍   딩굴딩굴
뚜벅뚜벅

뾰족뾰족   어슬렁어슬렁
짤막짤막   차근차근
조마조마
널찍널찍   아슬아슬

58쪽

얼렁뚱땅   산들산들   으리으리
우락부락   안절부절   알뜰살뜰

넷째 주 바다

첫째 날

60쪽

섬   배   모래
바닷물   고기
등대   새우   파도

| 낱말 풀이 |

• 쪽배는 큰 통나무를 갈라서 속을 깊고 길게 파서 만든 작은 배입니다.
• 등대는 밤에 배들이 안전하게 다니도록 안내하기 위해, 섬이나 바닷가에 세워 불빛 신호를 보내는 높은 건물입니다.

등대

61쪽

오징어
꽁치   고등어   문어
상어   갈치
참치   넙치

맘's tip | 참치와 참다랑어

흔히 참치라고 하는 물고기는 참다랑어를 가리

- 닻은 배가 멈추어 있도록 하기 위해 밧줄이나 쇠줄에 매어 물 밑 바닥에 박히게 하는 쇠나 나무 등으로 만든 갈고리 모양의 기구입니다.

닻

- 성게는 얕은 바다에서 살고 몸이 밤송이와 비슷한 동물입니다.

성게

- 낙지는 큰 몸에 뼈가 없고 긴 다리가 여덟 개이고 위험을 느끼면 먹물을 뿜고 달아나는 바다 동물입니다

낙지

맘's tip | **옛날 칼의 모습을 간직한 갈치**

갈치는 칼(刀)처럼 길쭉한 모양의 물고기입니다. 칼의 옛말은 '갏'인데, 여기에 고기 이름을 뜻하는 치가 붙은 것이지요. 현대어에서 갏이 칼이 되었다 해서 칼치라고 적지 않습니다. 17세기부터 갈티(갈치)로 적어 굳어진 말이거든요.

몸을 세우고 물 위의 먹이를 노리는 갈치

64쪽

바다색(←바닷색)

바다뱀(←바닷뱀)

바다낚시(←바닷낚시)

바다사자(←바닷사자)

맘's tip | **덧나는 소리가 있으면 사이시옷**

- ㄴ소리가 덧나거나, 뒷말이 된소리로 발음되면 사이시옷을 써야 하지요.
  바닷길[바닫낄] 바닷물[바단물]
  바닷개[바닫깨] 바닷바람[바닫빠람]
- 바다뱀, 바다색, 바다낚시, 바다사자는 ㄴ소리가 덧나지도, 뒷말이 된소리로도 변하지 않으니 사이시옷도 쓰지 않는답니다.

65쪽

물길	물거품	소금물
물고기	물결	고기잡이
물살	개헤엄	물개
물색	물바다	바다색

| 낱말 풀이 |

- 물길은 배를 타고 오갈 수 있는 길입니다. 뱃길, 수로 등으로도 씁니다.
- 물개는 몸이 둥글고 길쭉하며 네 다리는 지느러미 모양으로 되어 헤엄을 잘 치는 젖먹이 바다짐승입니다.

물개

셋째 날

66쪽

수평선	미역	생선
통통배	물거품	썰물

| 낱말 풀이 |

- 수평선은 하늘과 바다가 맞닿아 경계를 이루고 있는 것처럼 보이는 선을 말합니다.

수평선

- 지평선은 평평한 땅에서 멀리 땅과 하늘이 맞닿아 보이는 금을 말합니다.

지평선

- 멱은 냇물이나 강물에서 발가벗고 몸을 담그고 노는 일입니다. 미역의 준말.(예: 아이들이 강가에서 멱을 감는다.)
- 돛단배는 돛을 달아 바람의 힘을 이용해 움직이는 배입니다. 범선이라고도 합니다.

여러 가지 돛단배. 왼쪽 위부터 고려의 세곡을 나르던 조운선, 동아프리카의 고기잡이배, 고대·중세 지중해의 싸움배, 근대 유럽의 목조 군함

- 통통배는 발동기를 장치하여 통통 소리가 나는 작은 배로, 흔히 고기를 잡는 어선으로 씁니다.

통통배

맘's tip | **게가 거품을 뿜을 때**

게는 갑자기 환경이 바뀌거나 위험에 처했을 때 입에서 뽀글뽀글 거품을 뿜어냅니다. 그래서 사람들이 피로하거나 흥분했을 때 나오는 거품 같은 침을 가리키기도 하지요.

67쪽

항구	갈매기
파도	등대
문어	백사장

· 항구는 바닷가에 배가 닿고 떠날 수 있도록 만든 시설이 있는 곳을 말합니다.

항구

· 갈매기는 바닷가에 사는 회색이 섞인 하얀색의 큰 물새입니다. 백구라고도 하지요.

갈매기

· 문어는 바다에 사는 동물입니다. 몸통은 공처럼 둥글고 발은 여덟 개인데 빨판이 많이 있습니다.

문어　　　　　　빨판

· 백사장은 강가나 바닷에 흰모래가 넓게 깔려 있는 곳을 이릅니다.

68쪽

고기, 물고기, 어류

항구, 나루, 포구

파도, 물결, 풍랑

물길, 뱃길, 수로

해변, 바닷가, 해안

| 낱말 풀이 |

· 풍랑은 바람이 불어서 일어나는 큰 물결입니다.(예: 풍랑이 심해 바다로 나갈 수가 없었습니다.)

· 항구, 나루, 포구는 모두 강이나 냇가 또는 좁은 바닷목에 배가 육지에 닿도록 만들어진 시설입니다. 나루는 도(渡), 진(津) 등으로 씁니다. 나루보다 규모가 큰 바닷가나 큰 강어귀의 접안 시설은 포(浦)라고 부릅니다. 포보다도 규모가 더 큰 것은 항(港)

이라 합니다.

· 해안은 바다와 육지가 맞닿은 부분, 해변은 (주로 모래가 깔린) 바닷가를 말하지요.

맘's tip | 나루와 포구

나루는 민간의 교통, 상업을 위한 시설일 때가 많습니다. 노량진, 마포나루처럼 강이나 냇가 등 내륙에 있지요.

한강의 나룻배. 돛을 세우지 않은 작은 배로, 사람이나 짐을 나른다.

포구는 주로 큰 강의 어귀나 바다에 접해 있습니다. 국가에서 관리하여 조세로 받은 곡식을 운반하거나 군사 · 무역 시설로 씁니다. 또 어장과 가까워 고깃배도 많이 드나들었습니다. 제물포, 김포, 목포 등이 그랬지요.

개화기 용산포의 모습

넷째 날

69쪽

배　　　　고기[생선, 어류]　해물
수영[헤엄]　바다

| 낱말 풀이 |

· 나룻배는 나루와 나루 사이를 오가며 사람이나 짐 따위를 실어 나르는 작은 배입니다.

· 다도해는 섬(島섬 도)이 많은(多많을 다) 바다라는 뜻으로, 전라남도와 대한 해협 사이에 있는 바다입니다. 이곳에는 거제도, 남해도, 진도, 한산도 따위의 섬이 있

습니다.

· 배영은 위를 향해 누워 양팔로 물을 밀치면서 물장구를 치는 수영법입니다. 접영은 두 손을 동시에 앞으로 뻗쳐 물을 아래로 끌어내리고 양다리를 모아 상하로 움직이며 발등으로 물을 치면서 나아가는 수영법이지요.

배영　　　　　접영

· 오대양은 지구를 둘러싸고 있는 다섯 대양. 태평양, 대서양, 인도양, 남빙양(남극해), 북빙양(북극해)을 이릅니다.

70쪽

배, 항구　　　　바닷가, 갯마을

가재, 게　　　　고깃배, 어부

바다, 해초　　　동해, 서해

| 낱말 풀이 |

· 갯마을은 갯가에 자리 잡고 있는 마을입니다. 갯가는 바닷물이 드나드는 육지의 가장자리라는 뜻이고요.

· 가재는 두 개의 큰 집게발과 여덟 개의 발이 있고, 몸이 단단한 껍데기로 되어 있으며 맑은 개울의 돌 밑에서 사는 작은 동물입니다. 몸은 새우 같고 발은 게와 비슷하게 생겼지요.

가재

· 해초는 바다에 나는 종자식물을 통틀어 이르는 말입니다. 미역 · 다시마 등의 해조(海藻)와 구분하기 위해 초(草) 자를 붙이며, 거머리말 따위가 있습니다.

71쪽

가재　　　고기

그물　　　낚시

생선　　　고래

72쪽

웃음바다   눈물바다

구름바다   별바다

꽃바다   물바다

73쪽

멍게   돌고래   보물섬

문어   해파리   복어

인어   파도

맘's tip | 몸을 부풀리는 복어

• 복어는 몸은 뚱뚱하고 비늘이 없으며 등지느러미가 작고 이가 날카로운 물고기입니다. 적에게 공격을 받으면 물 또는 공기를 들이마셔 배를 불룩하게 내밀지요.

가시복이 몸을 부풀린 모습

74쪽

등대   백사장   갯마을   고등어

바닷가   생선

썰물   갈치

조개

동해

태평양   대서양

다섯째 주 땅

76쪽

지구

77쪽

봉우리, 동산, 언덕

절벽, 벼랑, 비탈

들, 평야, 벌판

구덩이, 도랑, 수렁

| 낱말 풀이 |

• 수렁은 곤죽이 된 진흙이나 개흙이 많이 괸 웅덩이를 말합니다.

78쪽

강   시내   개울[여울]

도랑   호수   늪

샘   웅덩이   못

맘's tip | 땅윗물이란?

• 지표수 즉 지구의 표면에 있는 물입니다. 하천, 호수, 운하, 해양 따위의 물을 통틀어 이르지요.

79쪽

갯벌   잔디밭   들녘   골짜기

터무니   낭떠러지   산봉우리

| 낱말 풀이 |

• 터무니는 터의 무늬, 터를 잡은 자취라는 말입니다. 정당한 근거나 이유를 뜻하기도 하죠.

• 낭떠러지는 산이나 언덕에서 깎아지른 듯이 급하게 솟거나 비탈진 곳입니다

낭떠러지

80쪽

실   산   길

터   밭

맘's tip | 이런 뜻이?

• 실은 낱말 앞에 붙어 실처럼 가늘다는 뜻을 더해 줍니다. 가느다란 개천은 실개천.

• 산의 꼭대기는 산마루, 중간은 산허리, 아랫부분은 산자락이지요.

• 길의 중요한 통로가 되는 곳은 길목, 길이 구부러져서 돌아간 자리는 길모퉁이.

• 쑥대밭은 쑥이 무성하게 난 거친 땅입니다.

81쪽

진흙탕   모래밭   산봉우리

벼랑   언덕

구덩이   길   마당

82쪽

대륙   밀림   지하

온천   남극   지상

고원   백사장   평야

| 낱말 풀이 |

• 밀림(密林)은 큰 나무들이 빽빽하게 들어선 숲입니다.

• 고원은 높은 곳에 있는 넓은 들판입니다. 보통 해발 고도 600미터 이상에 있는 들판을 말하지요.

개마고원. 한반도에서 가장 높고 넓은 고원으로, 백두산의 서남쪽에 있다.

83쪽

언덕 숲 도랑 연못 굴

| 낱말 풀이 |

• 구릉은 산보다는 조금 낮고 완만하게 비탈진 곳을 말합니다.

84쪽
고개 밭 발원지 구렁텅이 언덕

| 낱말 풀이 |
• 고개는 산이나 언덕을 넘어 다니도록 길이 나 있는 비탈진 곳이지요. 여기만 넘으면 내리막이 되니까 일의 중요한 고비나 절정을 비유적으로 이르는 말이 되기도 합니다.
• 발원지는 흐르는 물줄기가 처음 시작한 장소로, 어떤 사회 현상이나 사상 따위가 맨 처음 생기거나 일어난 곳을 가리키기도 합니다.
• 구렁텅이는 몹시 험하고 깊은 구렁인데, 여기서 헤어나기 어려운 처지를 비유적으로 말하게 되었지요.

넷째 날

85쪽
주인은 갑자기 샘이 나서 토라졌다.
엄마는 섬그늘에 굴 따러 갔다.
선생님이 심한 벌을 주신 것 같습니다.
그때 누가 부르는 것 같아 고개를 돌렸다.
개나리, 진달래, 철쭉 들은 봄꽃이지.

86쪽
골짜기 호수 동굴
내 산비탈 풀밭

87쪽
땅 짚고 헤엄치기
강 건너 불구경
제 논에 물 대기
도랑 치고 가재 잡기
산에서 고기 잡기
뭍에 오른 고기

다섯째 날

88쪽
늪 논 골

금 옥 능

| 낱말 풀이 |
• 옥은 엷은 녹색이나 회색을 띠는 빛이 곱고 무늬가 아름다운 귀한 돌입니다. 갈아서 보석으로 쓰지요.

옥 원석과 장신구

• 능은 왕이나 왕비의 무덤입니다.

조선시대 왕릉인 서오릉. 유네스코 세계문화유산이다.

89쪽
시내 사막 못
산 갯벌 황무지

90쪽
논
평야 벌판 호수 강
골짜기
계곡 언덕 갯벌
산허리

여섯째 주 **문화**

첫째 날

92쪽
문화

93쪽
음악 자동차 직업 옷
만화 운동
밥 농사 책
국회 우주선
집 게임

94쪽
정치 언어
독서 주택
신문 체육

둘째 날

95쪽
예의 잡지
의식주 연예
법률 인터넷

96쪽
음식 습관 주거 사회

97쪽
연세 노인 내일 역기 낙원

맘's tip | 두음법칙
• 'ㄹ'과 'ㄴ'은 'ㅣ, ㅑ, ㅕ, ㅛ, ㅠ' 앞에서 'ㅇ'이 됩니다. 그래서 여자(←녀자女子), 역기(←력기力技)로 적지요.
• 'ㄹ'은 'ㅏ, ㅓ, ㅗ, ㅜ, ㅡ, ㅐ, ㅔ, ㅚ' 앞에서 'ㄴ'이 됩니다. 그래서 내일(←래일來日), 노인(←로인老人)으로 적지요. .

셋째 날

98쪽
일 놀이
생각 살림
춤

| 낱말 풀이 |

• 유희(遊戲)는 즐겁게 노는 것을 말합니다.

99쪽

전통   관습   연예   민속

| 낱말 풀이 |

• 온돌은 불기운이 방 밑을 통과하여 방을 덥히는 장치입니다. 우리나라 및 중국 동북부에서 발달하였지요.

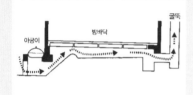

온돌의 구조

• 연애는 좋아하는 사람이 서로 그리워하고 사랑하는 것입니다.

• 연예(演藝)는 대중 앞에서 음악, 무용, 마술 따위를 공연하는 것을 말하지요.

맘's tip | 비슷해도 조금 다른 말

• 습관과 관습은 둘 다 익숙한 일을 가리키지만 '습관'은 개인적인 차원의 것을, '관습'은 집단적으로 관례가 된 좋은 풍습을 말합니다. 주로 사회적인 차원에서 쓰지요.

100쪽

예술   학문   경제
통신   종교   교통

넷째 날

101쪽

풍속   역사
시장   사회
무용   제도

맘's tip | 제도(製圖)가 뭘까?

기계, 건축물, 공작물 따위의 도면이나 도안을 그리는 일이지요.

제도

102쪽

신문   출판   화장
무술   체육

103쪽

밥   집   말   신

다섯째 날

104쪽

음악   게임   미술[예술]
예술[미술]   도덕[미덕]
건축   정치

| 낱말 풀이 |

• 건축은 집이나 시설을 짓든가 만드는 일입니다.(예: 도서관 건축, 피라미드 건축)

105쪽

닦아라   찍어라   지켜라
쌓아라   살려라[돌봐라]   두고 봐라

106쪽

요리
경제   주택
예술   도덕
패션   언어

일곱째 주 우주

첫째 날

108~109쪽

북두칠성   떠돌이별
지동설   별자리   오로라
만유인력   유에프오
블랙홀   북극성   별똥별
무중력   인공위성
은하수   꼬리별   태양계

| 낱말 풀이 |

• 북두칠성은 큰곰자리의 일곱 개의 별. 북쪽 하늘에 국자 모양을 이루고 있습니다.

북두칠성

• 떠돌이별은 중심이 되는 별의 둘레를 돌면서, 자신은 빛을 내지 못하는 천체, 행성의 우리말입니다.

• 지동설은 지구는 자전하면서 태양의 주위를 돈다는 설입니다.

• 별자리는 별의 위치를 정하기 위하여 밝은 별을 중심으로 천구를 몇 부분으로 나눈 구역입니다. 큰곰자리, 오리온자리 등 신화의 인물이나 사물의 이름을 따서 붙이는데 오늘날에는 88개의 별자리가 있지요.

• 오로라는 주로 극지방에서 초고층 대기 중에 나타나는, 빛을 발하는 현상입니다.

오로라

• 만유인력은 질량을 가진 모든 물체 사이에 작용하는, 서로를 끌어당기는 힘입니다. 1687년에 뉴턴이 발견하였지요.

- 유에프오(UFO)는 정체를 확인할 수 없는 비행 물체라는 말입니다.
- 블랙홀은 질량이 아주 큰 별이 진화의 마지막 단계에서 자체 중력에 의해 스스로 붕괴되어 강력하게 수축함으로써 엄청난 밀도와 중력을 갖게 된 천체입니다.
- 북극성은 작은곰자리에서 가장 밝은 별입니다. 천구의 북극 가까이에 있고 위치가 거의 변하지 않기 때문에 방위나 위도의 지침이 됩니다. 북극성은 북두칠성이나 카시오페이아 자리를 이용해 찾아냅니다.

북극성 찾기
북두칠성 국자 끝의 5배 거리(①과 ② 거리의 다섯 배)에 북극성이 있다. 또는 카시오페이아 자리의 ③과 ④ 거리의 다섯 배 되는 곳을 찾을 수도 있다.

- 별똥별은 우주에 떠 있던 물체가 지구의 대기권에 들어와 공기와의 마찰과 압축으로 말미암아 빛을 내면서 떨어지는 운석입니다. 유성(流星)이라고도 하지요.
- 무중력은 마치 중력이 없는 것처럼 느끼는 현상입니다. 지구 주위를 돌고 있는 인공위성 따위의 내부에서는 중력이 관성력인 원심력과 균형을 이루어 이러한 상태가 됩니다. 사람도 물건도 둥둥 떠다니지요.
- 인공위성은 지구의 주위를 공전하는 인공 천체입니다. 지구의 인력과 균형을 이룬 원심력을 지닌 속도로 지구 주위를 돌며, 기상 관측이나 과학 관측, 통신 중계 따위에 사용되지요. 1957년에 소련이 쏘아 올린 스푸트니크 1호가 최초랍니다.

인공위성

- 은하수는 은하(銀河) 즉 천구상에 남북으로 길게 보이는 수억 개의 항성 무리를 강물에 비유한 말입니다.

은하수

- 꼬리별은 가스 상태의 빛나는 긴 꼬리를 끌고 태양을 초점으로 긴 타원이나 포물선에 가까운 궤도를 그리며 운행하는 천체, 혜성(彗星)입니다. 꽁지별·살별이라고도 하지요.
  하늘에 갑자기 나타나는 별이라서, 어떤 분야에서 갑자기 뛰어나게 드러나는 존재를 비유적으로 이르는 말이기도 하지요.(예:그 배우는 영화계에 혜성처럼 나타난 신인입니다.)

꼬리별

- 태양계는 태양을 중심으로 공전하는 여러 천체의 모임입니다. 태양, 수성, 금성, 지구, 화성, 목성, 토성, 천왕성, 해왕성 따위의 큰 떠돌이별과 그 밖의 여러 작은 떠돌이별과 수십만 개의 혜성 따위가 있지요.

태양계
가장 왼쪽은 항성인 태양이고, 그 오른쪽으로 수성, 금성, 지구, 화성, 목성, 토성, 천왕성, 해왕성 등 행성이 있다. 크기 비례를 맞춘 그림이다.

110쪽

백성   반성   천성   정성

둘째 날

111쪽

에너지   로켓
초승달   혜성
별자리   떠돌이별

| 낱말 풀이 |

- 초승달은 음력으로 매월 초에 뜨는 달입니다. ㄱ자 모양이지요. 그믐달은 ㄴ자를 닮았죠.

초승달

112쪽

새 ㅅ, 별   하늘, 님
물, 병, 자리   쌍, 둥이, 자리
별, 똥, 별   뜨다, 돌다, 이, 별
붙다, 박히다, 이, 별

맘's tip | 낱말 뜯어보기

- 샛별은 새벽에 동쪽 하늘에서 찬란하게 반짝이는 별로, 금성(金星)을 이르는 말입니다. '새'는 동쪽을 뜻하는 순 우리말입니다. 동풍(東風)을 '샛바람'이라고도 하는데, 이 '새' 역시 동쪽을 뜻하죠. '새(동녘)+별'이 결합한 말인데 된소리가 나기 때문에 사이시옷을 쓰게 되었지요.
- 끝소리가 ㄹ인 말은 대체로 'ㄴ, ㄷ, ㅅ, ㅈ' 앞에서 탈락합니다. 하느님(하늘님), 따님(딸님), 미닫이(밀닫이)처럼요.
- 떠돌이별, 붙박이별의 '이'는 명사를 만드는 접사랍니다.

113쪽

성   기   자
공   체   물

맘's tip | 꼬리 글자의 뜻은

- 혜성, 유성, 위성의 성(星)은 모두 천체(天體)라는 뜻으로 쓰였습니다.
- 전기, 자기, 대기의 기(氣)는 전기력, 자기력 그리고 공기의 흐름과 같은 자연의 기운을 뜻합니다.
- 분자, 원자, 전자의 자(子)는 눈에 보이지 않는 아주 작은 단위를 가리킵니다.
- 허공, 창공, 항공의 공(空)은 비어 있다 또는 하늘이라는 뜻입니다.
- 기체, 액체, 고체의 체(體)는 일정한 형태를 띤 물질을 가리킵니다.
- 사물, 생물, 만물의 물(物)은 인간의 감각으로 느낄 수 있는 거의 모든 것을 가리키는 매우 넓은 뜻의 낱말입니다.

114쪽

별자리　　오로라　　지동설
은하수　　천문학

115쪽

저는 일식이 맛이 없어요.
이 거리부터 상업 지구가 시작돼.
역 앞에 택시들이 대기 중이었다.
모르는 한자는 자전에서 찾아봐.
조상의 산소를 찾아 성묘를 한다.
5월은 가정의 달이다.

| 낱말 풀이 |
· 일식은 달이 태양의 일부나 전부를 가리는 현상입니다. 한 부분을 가리면 부분 일식, 전부를 가리면 개기 일식. 태양의 가운데만 가려 변두리가 고리 모양으로 빛나면 고리 일식 또는 금환식(金環蝕)이라 하지요.

일식

116쪽

샛별, 금성　　　　태양, 해님
우주인, 외계인　　보름달, 만월
꼬리별, 혜성　　　비행접시, 유에프오

| 낱말 풀이 |
· 만월(滿月)은 꽉 찬 달, 보름달입니다.

초승달에서 그믐달까지. ㄱ자 모양의 초승달
이 둥글어지다가 ㄴ자 모양의 그믐달이 된다.

117쪽

태양　　보름달　　옥황상제
공간　　월식

| 낱말 풀이 |
· 옥황상제는 도교(道敎)에서 하느님을 이르는 말입니다.
· 염라대왕은 (불교에서) 죽은 이의 영혼을 다스리고, 살아 있을 때 한 일을 심판하여 상벌을 준다고 하는. 죽은 뒤의 세계의 왕입니다.
· 영원은 오래 계속되어 끝이 없는 것입니다. (예: 사람이 죽지 않고 영원하게 살 수 있는 방법이 있을까?)
· 무한은 수량이나 정도나 크기에 한이 없는 것입니다.(예: 어린이는 누구나 무한의 가능성을 지니고 있다.)
· 월식은 달이 지구의 그림자에 가려 일부나 전부가 가려지는 현상입니다. 부분 월식과 개기 월식이 있습니다.

월식을 연속으로 찍은 사진

118쪽

별자리　　물질
행성　　　생물
기체　　　별
은하

119쪽

뜨다　　　기운다
찌르듯　　두 쪽 나도

120쪽

우주선　　　별자리
별똥별　　　지구
하늘나라　　비행접시

121쪽

해
토성　　달
화성
목성　　수성

122쪽

샛별　　화성
일식　　수성　　태양계
북두칠성
북극성　　별똥별　　행성

마지막 주 깊은골속 옹말샘(어원)

124~125쪽

부리나케　　사근사근　　부랴부랴
알나리깔나리　　야호　　미주알고주알

| 낱말 풀이 |
· 부리나케: 정답 및 풀이 144쪽(활동 47쪽)
· 부랴부랴: 정답 및 풀이 143쪽(활동 47쪽)
· 사근사근은 사람의 생김새나 성품이 매우 상냥하고 보드라운 모양을 나타내는 말입니다.
· 알나리깔나리는 아이 나리가 준 '알나리'에 운을 맞춘 '깔나리'가 붙은 말입니다. 얼레리꼴레리는 잘못된 말이지요
· 미주알고주알은 밑구멍의 끝에 숨어 있어 눈으로 보기 어려운 창자의 끝 부분인 '미주알'에 운을 맞춘 '고주알'이 붙은 말입니다.

126~127쪽

서울　　가야금　　꺼벙이
헹가래　　가을　　무쇠

- 서울은 신라 사람들이 금성(지금의 경주)를 '서라벌(徐羅伐)'이라고 부른 데에서 기원했다 합니다. 수도(首都)를 뜻하는 신라 고유어였다고 추정하지요. 이 말이 전해져 15세기에 '셔볼'로 나타나 '셔울'을 거쳐 '서울'이 되었다 합니다.

- 가야금은 신라에 통합되었던 '가야'에서 쓰이던 현악기라고 하여 '가야(伽倻)'에 현악기를 뜻하는 '금(琴)'이 결합하여 이루어진 단어입니다.
  옛 형태는 '가얏고' 즉 '가야'와 '금(琴)'을 뜻하는 단어인 '고'에 사이시옷이 들어간 형태입니다. 가얏고는 '가약고'로 발음되다 표기로 정착하고 나중에 가야금이 되었다 합니다.

- 꺼벙이는 꿩의 어린 새끼를 가리키는 '꺼병이'에서 나온 말입니다. 꿩+병이(←병아리)가 줄어든 말이지요. 이 꺼병이는 암수 구별이 안 되고 모양은 거친데다 행동이 굼뜨고 어리숙해서 보기에 불안하고 답답하지요. 그래서 행동이나 생김새가 어리숙한 사람을 빗대어 '꺼벙이'라 부르고, 그런 사람의 성격이나 특징을 '꺼벙하다'고 하지요.

- 헹가래는 '헌가래'에서 변한 것이라고 합니다. '헌'은 헛(虛)의 뜻, '가래'는 흙을 파헤치거나 떠서 던지는 농기구입니다. 가래질은 '가래'를 잡는 사람과 줄을 잡는 사람 사이에 호흡이 맞아야 되는데, 그렇게 하기 위해서는 가래로 흙을 파기 전에 빈 가래로 손을 맞춰 보아야 합니다. 그래서 '헌가래'가 '헝가래'를 거쳐 '헹가래'가 되었다는 것이지요.

가래질
가운데 사람이 가래 자루를 잡고, 양쪽의 8명이 줄을 잡아당기고 있다.

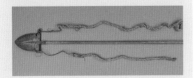

가래

- 가을은 끊다(切斷)라는 뜻의 곳다 혹은 ᄀᆞᆽ다에서 온 말이라고 합니다. ᄀᆞᆽ 혹은 곳에 올이라는 접사가 붙어 ᄀᆞᆽ올이 되었다가 ᄀᆞ올을 거쳐 가을이 되었다고 합니다. 잘 익은 열매를 끊는다는 뜻에서 열매를 끊는, 열매를 베는 계절 즉 가을이 되었다는 것이지요.

- 무쇠는 '묽은', '약한'이라는 뜻으로 붙은 '물'에서 ㄹ이 탈락한 형태입니다. 1.7% 이상의 탄소를 함유하는 철의 합금으로. 단단하지만 부러지기 쉽고 강철에 비해 쉽게 녹이 습니다. 거푸집에 부어 물건을 만들기 쉬워 솥이나 화로를 만들었지요. 강철은 무쇠를 녹여 높은 압력을 가해 탄소의 양을 줄여 굳고 단단하게 만든 쇠입니다.

셋째 날

128~129쪽

술래　썰매　과녁
사냥　가게　소매　천둥　서랍

- 술래는 순라군이 도둑, 화재 따위를 경계하느라 도성 안을 돌아다니던 일을 뜻하는 '순라'에서 비롯했습니다. '술래잡기'는 '순라잡기'즉, 순라꾼이 도둑을 잡듯 '술래'가 숨은 사람을 찾아내는 놀이라고 합니다.

- 썰매는 한자어 설마(雪馬)에서 비롯되었다고 합니다. 눈 위를 달리고, 말과 같이 빨라 '눈 위에서 타는 말'이라는 뜻으로 쓰인 것이지요. 설마가 '셜마'가 되었다가 설마, 썰마를 거쳐 썰매가 되었다고 합니다.

썰매 탄 사냥꾼

스키처럼 생긴 썰매. 눈이 많은 산간 지방에서 탔다.

- 과녁은 관혁 즉 뚫을 관(貫), 가죽 혁(革)이 결합된 한자어에서 비롯되었다고 합니다.

조선시대 궁중 행사에 보이는 과녁

- 사냥은 한자어 '산행(山行)'에서 비롯되었다고 합니다. 산행이 산영 혹은 사녕으로 다시 산양 혹은 사냥으로 바뀌었다고 합니다.

- 가게는 가가(假家)에서 온 말입니다. 집 앞에 임시로 지어 물건을 팔던 곳이지요.

곡식을 파는 가가

- 소매는 수메 즉 소매 수(袖), 소매 메(袂)로 구성된 한자어에서 온 우리말입니다.

- 천둥은 천동 즉 하늘 천(天), 움직일 동(動)으로 구성된 한자어에서 온 우리말입니다.

- 서랍은 '설합'이라는 말에서 왔다 합니다. 끌다, 잡아당기다는 뜻의 설과 그릇 합(盒)이 결합된 것이죠. 나중에 설을 한자어 설(舌)로 적어 설합이라 했다가 서랍이 되었다 합니다.

넷째 날

130~131쪽

깡통　로봇　샴푸
사이렌　보라매　섭씨

- 깡통은 길쭉한 양철 그릇인 영어 캔(can)을 칸(かん罐kan)이라 받아들인 일본어

한국어에서 다시 받아들여 여기에 한자어 통(筒)을 붙여 만든 말이라고 합니다.

- 로봇(robot)은 1920년 체코슬로바키아의 극작가 카렐 차페크(Karel Čapek)의 희곡 R.U.R.(Rosuum's Universal Robots: 로숨의 보편적 로봇)에서 처음 사용된 말입니다. 모든 작업능력에서 인간과 동등하거나 그 이상이면서 인간적 "감정"이나 "혼"을 가지고 있지 않은 로봇이라고 불리는 인조인간이 등장했지요.
이 인조인간 로봇은 체코어의 '일하다'라는 뜻의 단어 'robota'에서 나왔다고 합니다.

- 삼푸는 힌디어 참프나(चाँपना, Chāmpnā)에서 유래했다고 합니다. 참프나는 '근육을 주무르다' '누르다'라는 의미의 동사였습니다. 고대 인도의 귀족들은 향기로운 기름으로 마사지를 했는데 특히 머리 마사지를 참프나라고 했다고 합니다. 인도 문화에 접한 영국인들이 '마사지하다'라는 뜻으로 받아들였다가, 19세기 후반에 '머리를 감다' 혹은 '머리를 감기 위한 비누'라는 뜻이 되었다고 합니다.

- 사이렌은 그리스어 세이렌(Σειρήνες)에서 나온 말입니다. 아름다운 여자의 얼굴에 독수리의 몸을 가진 요정인데, 아름다운 노래를 불러 뱃사람이 바다로 뛰어들게 만들어 배를 난파시켰다고 합니다. 나중에 프랑스의 발명가 투르가 경보기를 만들어서 사이렌이라 이름을 붙였지요. 사이렌은 세이렌의 영어식 발음입니다.

사이렌

- 보라매는 그 해에 난 새끼를 잡아 길들여 사냥에 쓰는 매를 뜻합니다. 고려 말 원이 영향을 받아 매사냥이 성행했는데, 특히 1년이 안 된 새끼를 길들여 사냥을 하곤 했지요. 몽골어로 보로(boro) 혹은 보라(bora)라고 하는 종이 특히 사냥에 날랬답니다. 이 매는 앞가슴에 엷은 붉은 털이 나 있어서 나중에 이 빛깔을 가리켜 보라라고 했다고 하지요. 우리가 아는 보랏빛이 여기서 나온 말입니다.

보라매

- 섭씨는 섭씨온도(Celsius, 攝氏溫度)의 준말입니다. 1atm에서 물의 어는점을 0도, 끓는점을 100도로 정한 온도 체계이며, 기호는 ℃이지요. 1742년 스웨덴의 천문학자 안데르스 셀시우스(Anders Celsius)가 처음 제안했습니다. 중국에서 셀시우스를 소리로 번역해 '섭이사(攝爾思)'라 했습니다. 섭을 성처럼 떼고, 존경의 의미로 씨를 붙여 섭씨라는 말이 나왔습니다.

A. 셀시우스

다섯째 날

132~133쪽

| 돼지 | 황소 | 오징어 |
| 박쥐 | 도마뱀 | 명태 |

여섯째 날

134~135쪽

까불다	약 오르다
점잖다	꼬드기다
맞장구치다	지치다

일곱째 날

136~137쪽

| 벽창호 | 하룻강아지 | 돌팔이 |
| 멍텅구리 | 주먹구구 | 깍쟁이 |

- 사진 제공 및 도움 주신 곳
경향신문, 국립국악원, 국립민속박물관, 국립중앙박물관, 국립해양문화재연구소, 규장각 한국학연구원, 산림청, 위키백과, 한국천문원, Clipartkorea, Barn Images, Little visuals, Pixabay

낱말 너름새 영웅 인정서

_____ 초등학교

_____학년 ___반

이름_____

위 어린이는 부엉새 요괴들이
가져간 낱말을 모두 되찾았기에
낱말 너름새 영웅으로 인정합니다.

너름새는 시원스럽게 말로 떠벌려
일이 잘되도록 힘쓰는 솜씨입니다.
되찾아 온 낱말을 시원스럽게
말하고 익숙하게 쓸 수 있는
영웅이 되었습니다.

_____ 년 ___월 ___일

구김새, 낌새, 모양새, 말본새, 북새, 촉새